变革与复兴

百年中国现代化新征程

清华大学国情研究院

胡鞍钢　主编

人民东方出版传媒

东方出版社

图书在版编目（CIP）数据

变革与复兴：百年中国现代化新征程 / 清华大学国情研究院组织编写；胡鞍钢主编 .
—北京：东方出版社，2021.3
ISBN 978-7-5207-2088-5

Ⅰ . ①变… Ⅱ . ①清… ②胡… Ⅲ . ①现代化研究—中国—现代 Ⅳ . ① K260.7

中国版本图书馆 CIP 数据核字（2021）第 037416 号

变革与复兴：百年中国现代化新征程
（BIANGE YU FUXING：BAINIAN ZHONGGUO XIANDAIHUA XINZHENGCHENG）

作　　者：清华大学国情研究院组织编写　胡鞍钢主编
责任编辑：胡孝文　杨润杰
出　　版：东方出版社
发　　行：人民东方出版传媒有限公司
地　　址：北京市西城区北三环中路 6 号
邮　　编：100120
印　　刷：三河市龙大印装有限公司
版　　次：2021 年 3 月第 1 版
印　　次：2021 年 3 月北京第 1 次印刷
开　　本：710 毫米 ×1000 毫米　1/16
印　　张：20
字　　数：200 千字
书　　号：ISBN 978-7-5207-2088-5
定　　价：68.00 元
发行电话：（010）85924663　85924644　85924641

前 言

　　清华大学国情研究院主要研究当代中国现代化发展，提供公共知识，宗旨是"知识为民、知识报国、知识为人类"。为此，我们已经撰写和发行《国情报告》1600多期，已发表各类学术论文上千篇，累计出版90多部中文专题著作和60多部、11个语种外文著作，大多被各国国家图书馆、大学图书馆所收藏。根据 Springer 在线数据，7部英文著作累计下载量已达2.97万次，有力地促进了当代中国公共知识研究与全世界分享。从2017年起，我们以"国情讲坛"为平台，旨在为清华大学师生提供一个公开的学术交流平台，介绍中国国情、中国道路、中国制度、中国理论、中国思想等方面的主要内容，着力打造国情研究领域的中国学派，向社会传递中国话语、中国风格，至今已累计举办48讲。从第8讲起，"国情讲坛"与光明网合作开设专题频道，向亿万网民同步在线直播，与社会公众交流知识、传播知识、分享知识。

　　每次讲座结束之后，讲座主要内容以及现场讨论均整理成文字资料保存下来，已超过百万字。清华大学国情研究院微信公众平台累计推送"国情讲坛"现场实录文稿 28 篇，总文字量达 48.6 万字，累计阅读量达 11.2 万次。

1949 年以来，中国先后经历了三个伟大时代：建立中华人民共和国，中国人民"站起来"了；实行改革开放、全面建成小康社会，实现了"富起来"；开启全面建设社会主义现代化国家新征程，正处于全力实现"强起来"的新时代。

14 亿中国人携手迈入社会主义现代化，意味着什么？如果说 18 世纪下半叶英国开启现代化时人口是千万级的，20 世纪之后美国逐渐领跑现代化时人口是上亿级的，那么中国的现代化是 10 亿级超大人口规模的现代化，堪称人类发展史上的新奇迹。

2020 年，中国实现第一个百年奋斗目标，即全面建成惠及 14 亿人民的小康社会，2021 年，中国开启第二个百年奋斗目标新征程，这将载入世界历史。

为此，本书以《变革与复兴：百年中国现代化新征程》为主题，精选了"国情讲坛"的 15 篇讲座稿，分为中国道路、改革开放和伟大复兴三大篇。我们希望把不同学科的中国专家学者从不同视角讲述的这段非凡的历史，分享给广大读者。

胡鞍钢

目　录

第一篇　中国道路

胡鞍钢　中国现代化发展之路（1949—2019 年）

江小涓　新中国对外开放 70 年

武　力　中国发展道路的历史与逻辑

温铁军　传统农民挽救现代化（1950—1980 年）
——土地改革的宏观效应

第二篇　改革开放

王绍光　改革开放、国家能力与经济发展

林毅夫　中国改革开放 40 年与新结构经济学

李稻葵　改革开放 40 年经济学总结

薛　澜　中国科技创新政策 40 年
——回顾与反思

鄢一龙　改革开放与中国五年规划体制转型

高宇宁　改革开放 40 年：
　　　　从"中国制造"到"中国创造"

第三篇　伟大复兴

胡鞍钢　充分发挥中国制度优势，
　　　　实现"两个一百年"奋斗目标

第一篇

中国道路

★ ★ ★

新中国成立之前，毛泽东已经准确地预见了中国道路的三大特征和趋势，中国后来的发展验证了毛泽东的预见。

第一，中国道路是万里长征之路。毛泽东指出："夺取全国胜利，这只是万里长征走完了第一步。"由此开启了中国社会主义现代化的万里长征，先后经历了三个不同的时代：建立中华人民共和国，中国人民从此"站起来"了，并建立了社会主义基本制度，建立了比较独立、完整的工业体系和国民经济体系，从世界弱国走向世界大国；实行改革开放，开创中国特色社会主义现代化道路，全面建设小康社会，首次实现了超大规模的十几亿人口"富起来"；开启全面建设社会主义现代化国家新征程，正处在实现"强起来"的新时代。

第二，中国道路是"人间正道是沧桑"。到目前为止，世界上只有经济合作与发展组织（OECD）基本实现现代化，共计 38 个发达国家，总人口为 13.6 亿人。中国基本国情是极其独特的，社会主义现代化道路也是极其独特的。中国总人口已达 14 亿，中国崛起是超大人口规模的崛起。中国迅速追赶发达国家，用了 70 年的时间根本解决了中华民族几千年绝对贫困问题，全面建成小康社会；只用了 OECD 国家 1/3 的时间，实现了跨越式发展，走出了一条独立自主、自力更生的道路，超越了许多发展中国家对西方国家特别是美国依附型或半依附型经济发展的特征，为广大发展中国家（非 OECD，总人口为 62.2 亿人）提供了崭新的、可借鉴的现代化发展道路。

第三，中国道路是人间奇迹。如同毛泽东指出的："世间一切事物中，人是第一个可宝贵的。在共产党领导下，只要有了人，什么人间奇迹也可以造出来。"在中国共产党领导下，中华民族实现了从站起来、富起来到强起来的伟大飞跃，创造了彪炳史册的人间奇迹。

中国现代化发展之路（1949—2019年）①

胡鞍钢

清华大学国情研究院院长，公共管理学院教授

---

① 此文系胡鞍钢教授在"国情讲坛"第二十五讲的文字记录稿，2019年4月17日。

1999年新中国成立50周年的时候，我写过一篇文章《知识与发展：中国新的追赶策略——写于建国50周年》，[①] 分析了新中国成立50周年来形成的三代发展观，特别是认为21世纪新的发展观是"以人为本"。2009年，我在清华大学经济管理学院作过一个关于中国现代化发展之路的讲座，在此基础上又对这一主题进行了深入研究并发表了《中国现代化之路（1949—2014）》[②]。今天是在新中国成立70周年之际再次对中国现代化发展道路进行一次历史回顾和深入讨论。

新中国的成立可以说是中国历史上翻天覆地的社会大变革，也是中国历史上前所未有的社会主义现代化的大发展。我们把中国的发展历史分期界定为：1840年之前是"古代中国"；1840年之后进入"近代中国"；1949年之后为"现代中国"；1978年改革开放之后为"当代中国"。

1956年，毛泽东首次明确提出，到2001年，"中国应当对于人类有较大的贡献"。今天，我们可以明确地把"较大的贡献"一词改为"巨大贡献"，我也会用数据来说明和证明这一观点。新中国70年走过的道路称得上人类历史上的奇迹。我们今天讨论的问题不只是中国的问题，也是当今世界各国特别是非西方的发展中国家需要回答的问题：

---

① 胡鞍钢：《知识与发展：中国新的追赶策略——写于建国50周年》，《管理世界》1999年第6期。

② 胡鞍钢：《中国现代化之路（1949—2014）》，《新疆师范大学学报（哲学社会科学版）》2015年第2期。

（1）什么是现代化？现代化是否等于西方化？

（2）什么是中国现代化？中国现代化如何实现？

（3）为何中国现代化不等于西方化？为何中国现代化可以超越西方化？

1949 年之后中国现代化的发展历程，我大体从十四个方面作一个总结归纳，其中很多初始条件内容反映在《中国政治经济史论（1949—1976）》第二版的第二章中。现代化发展的初始条件，可以从不同的视角进行讨论和分析，有助于我们对历史发展脉络有一个直观的认识。

一、从"一盘散沙""四分五裂"到国家高度统一、各民族空前团结、具有强大社会凝聚力的世界政治大国

新中国的成立标志着中华民族站立起来了。1949 年 9 月 21 日，毛泽东在中国人民政治协商会议第一届全体会议上宣告："我们有一个共同的感觉，这就是我们的工作将写在人类的历史上，它将表明：占人类总数四分之一的中国人从此站立起来了。"

与鸦片战争以来的情形特别是与甲午战争的失败形成了鲜明的历史对照，新中国从根本上摆脱了长达 100 多年受殖民主义和帝国主义入侵、欺负、控制的半殖民地局面，维护了国家安全、主权独立和领土完整。

中国在整个现代化的历史进程中必须解决一个核心问题，即能不能形成这样一个中央政府：它有极强的社会整合能力，能够

有效地动员和利用全社会各种资源为特定的工业化目标服务,可以在极低的发展起点下发动和加速中国现代化的进程。如何建立一个强大的国家、如何拥有强大的国家能力,极端落后的国家如何实现工业化、实现城镇化、实现现代化,这是第二次世界大战之后纷纷独立的所有国家共同面临的一个突出问题。中国怎样才能形成强大的社会整合能力?只有靠中国共产党的领导才能根本解决中国内部长期分裂、相互争斗的局面,从而实现政治长期稳定、国家高度统一、各民族一体多元空前团结。

新中国成立能够保证有效发动工业化,或者说有效实现现代化。其中值得一提的就是1950年到1953年的抗美援朝战争。这不仅是抗日战争之后的又一次重大胜利,也体现了与第二次世界大战后最强大的国家——美国进行的一场军事、政治、经济、外交的全面较量。毛泽东是下了决心的,当时有的中央政治局委员提出美国人有原子弹,毛泽东说"你打你的,我打我的,你打原子弹,我打手榴弹"。这场战争为新中国的发展赢得了长期的国际和平红利。

今天,中国已经成为世界政治大国。经过多次挨打以后,中国通过一次革命(新民主主义革命)、一次建设(社会主义建设)和一次改革(改革开放),成为世界大国。中国日益走近世界舞台中央,成为当今世界最重要的力量之一,特别是全球治理的重要力量。

二、从世界的"饥荒之国"到世界第一大农业生产国

美国前国务卿艾奇逊在白皮书中预言中国共产党解决不了中国人民的吃饭问题，中国永远会天下大乱，只有靠美国人的面包才有出路。为此，毛泽东在《唯心历史观的破产》一文中批驳了这种历史唯心论。

1989 年我们在国情报告《生存与发展》中指出，中国从两条腿走路即扩大耕地面积、提高单产，变成了一条腿走路，在1957 年之后只有靠提高单产才能养活自己，这也显示了这条道路是怎样解决世界最大发展中国家人口的吃饭问题的。中华人民共和国从 1949 年成立至今，经历了其他大国没有经历的一个过程，就是依靠自给自足来养活自己（见表 1）。

表 1　中国与世界谷物耕地面积、产量、单产变动趋势
（1961—2016 年）

	1961 年	1970 年	1980 年	1990 年	2000 年	2010 年	2016 年
中国谷物产量（千万吨）	10.70	19.76	27.72	40.19	40.52	49.63	58.09
世界谷物产量（千万吨）	73.56	99.77	134.20	170.58	205.01	246.29	284.86
中国谷物产量占世界比重（%）	15	20	21	24	20	20	20
中国谷物耕地面积（千万公顷）	8.97	9.29	9.44	9.30	8.53	8.98	9.63
世界谷物耕地面积（千万公顷）	51.38	54.37	57.87	58.81	66.37	68.58	71.81
中国谷物耕地面积占世界比重（%）	17	17	16	16	13	13	13

续表

	1961 年	1970 年	1980 年	1990 年	2000 年	2010 年	2016 年
中国谷物单产（吨/公顷）	1.19	2.13	2.94	4.32	4.75	5.52	6.03
世界谷物单产（吨/公顷）	1.43	1.84	2.32	2.90	3.09	3.59	3.97
中国谷物单产与世界之比	0.83	1.16	1.27	1.49	1.54	1.54	1.52

数据来源：世界银行 WDI 数据库。

三、从世界工业落后国到世界第一工业生产大国

实现工业化的一个必要条件就是有一定的资本。中国并没有像西方国家那样通过殖民主义向其他国家转嫁危机，这是我们作为社会主义国家或者说作为中华人民共和国所作的特定选择，我们靠自己进行工业化的原始积累。正如毛泽东所说，1949 年的基本国情是"一穷二白"。但是 70 年后的今天，中国在主要工业产品产量方面占世界总量比重和在世界上的位次都不断提高（见表 2）。

表 2　中国主要资源型工业品产量占世界的比重及居世界的位次
（1949—2015 年，%）

年份	铁矿石	原油	发电量	煤炭	粗钢
1949/1950 年		0.04（27）	0.48（25）	3（9）	0.36（26）
1957 年		（23）	（13）	（5）	（9）
1960 年	11.8	0.17	2.6	21.3	3.17
1970 年	5.7	0.47	2.33	16.8	2.97

续表

年份	铁矿石	原油	发电量	煤炭	粗钢
1980 年	10.1	3.54（8）	3.64（6）	21.8（3）	5.18（5）
1990 年	14.6	4.53（5）	5.27（4）	30.7（1）	8.5（4）
1999 年	22.3b	4.96（5）	2.13a（2）	33.8c（1）	15.7（1）
2009 年	39.1（1）	4.9（5）	18.5（2）	45.6（1）	46.4（1）
2012 年	43.3（1）	4.8（5）	21.9（1）	47.5（1）	46.3（1）
2015 年	41.6（1）	4.9（5）	24.1（1）	47.7（1）	49.5（1）

数据来源：《中国统计摘要》。

按照 2010 年美元价格计算工业增加值，到 2011 年，中国已经跃居世界第一大工业生产国，到 2017 年，中国制造业增加值、工业增加值已经分别占世界总量的 24.5% 和 20.8%。[1]2000—2013 年，中国制造业增加值保持了 16.7% 的增速。制造业的快速增长使中国成为世界当之无愧的工业化大国，进而成为新型工业化大国。我国 2017 年高科技产品出口占制成品出口比重达到 23.8%，明显高于 OECD 的平均比重（13.9%）。[2]

四、从基础设施落后国到世界现代化基础设施大国

1949 年的初始条件是什么呢？全国仅有 5 万公里破破烂烂的公路，而第二次世界大战时的德国、意大利、美国已经有了高速公路；铁路里程为 2.18 万公里，还不及印度的一半；只有十

---

[1] 数据来源：世界银行 WDI 数据库。

[2] 同上。

几架小型飞机。[①] 这就是中国基础设施现代化的历史起点。

截至 2018 年末，我国基本完成了最大规模的快速铁路网，与 1949 年相比更是天壤之别，中国拥有了世界上最大、最快的铁路网。中国的公路网 2018 年已经达到 486 万公里，居世界第二，其中高速公路达到了 14.1 万公里，居世界首位，2017 年占世界总里程（36.5 万公里）的 35.6%。2009 年，我们和交通科学院合作出版过一本书《中国交通革命：跨越式发展之路》，就是关于中国交通基础设施革命，促使中国交通实现了跨越式发展，特别是设计了国家高速公路网布局，大大地推动了我国高速发展，也大大地促进了我国区域一体化进程。中国正在构建人类历史上最大规模、最先进、最有效率（如海关通过时间）的交通基础设施。

中国是一个地理条件不平衡的国家，地理条件不平衡造成经济不平衡、发展水平差异甚大。只有通过基础设施现代化，实现全国和各地区互联互通，才能重塑中国经济地理，使不平中国变成互通中国。

五、从"一穷二白"国家到世界最大经济体之一

按照不变价格计算的国内生产总值指数，以 1952 年为基期，到 2018 年，我国 GDP 是 1952 年的 173.5 倍。1952—2018 年，

---

① 参见《系列报告之十四：多种方式的综合运输网络基本形成》，国家统计局网站 2009 年 9 月 23 日。

我国 GDP 年均增速是 8.1%，人均 GDP 年均增速达到 6.7%。[1]

中国的现代化一旦成功，最大的受益者就从 1949 年的 5.4 亿人变成了今天的 14 亿人，这是具有世界意义的。发达国家经过了 200 多年的工业化和现代化才发展到今天的水平，OECD 国家人口总和是 13 亿人，比我国少了整整 1 亿人。

六、从"文盲充斥""人才匮乏"大国到世界人力资源大国

现代化的本质就是要使中国全体人民现代化。1949 年，中国的文盲率高达 80%，1912 年到 1948 年，大学毕业生只有 21 万人[2]，国民平均受教育年限只有 1.0 年。[3]这是毛泽东所说的"一穷二白"的"白"，文化水平、科学水平都不高。[4]

今天，中国成人识字率已经超过 96%，15 岁以上劳动年龄人口平均受教育年限达到 10.23 年，是 1949 年的 10.23 倍，中国的现代化不仅是人均收入水平的提高，更重要的是背后的人力资本，70 年的时间翻了 10.23 倍，明显超过了世界平均水平（8.3 年）。

---

[1] 计算数据来源：世界银行 WDI 数据库。

[2] 参见国家统计局编：《新中国五十年：1949—1999》，中国统计出版社 1999 年版，第 9 页。

[3] 参见胡鞍钢：《中国政治经济史论（1949—1976）》，清华大学出版社 2007 年版，第 118 页。

[4] 参见《毛泽东文集》第七卷，人民出版社 1999 年版，第 44 页。

七、从"东亚病夫"到"健康中国"

1949 年之前，中国人口平均预期寿命为 35 岁左右，低于世界平均预期寿命（1950 年为 49 岁），更不用比美国（68 岁）、日本（61 岁）等国家。中国现代化的一个重要特征就是不断地发动卫生革命，尤其是第一次卫生革命有效地控制了传染病。正因如此，中国在极低收入条件下，人均预期寿命迅速提高，为中国进入改革开放奠定了人力资本基础。到 2017 年，中国人均预期寿命已经达到 76.7 岁，高于世界平均水平（72.2 岁），主要健康指标总体上优于中高收入国家平均水平。

健康是促进人的全面发展的必然要求，是经济社会发展的基础条件。2016 年，全国卫生与健康大会召开，中共中央、国务院印发了《"健康中国 2030"规划纲要》，首次提出全方位、全周期维护和保障人民健康，大幅提高健康水平，显著改善健康公平，明确提出到 2030 年，主要健康指标进入高收入国家行列，其中人均预期寿命达到 79.0 岁，人均健康预期寿命显著提高。

八、从世界最大贫穷人口之国到世界最大全面小康社会

1949 年新中国成立时，中国是世界贫困人口最多的国家，城市居民人均可支配收入不足 100 元，农村居民人均纯收入为 44 元。2018 年，城市、农村居民人均可支配收入分别为 39251 元与 14617 元，相当于 1949 年的 393 倍与 332 倍。

我国人类发展指数（HDI）从 1950 年的极低水平 0.225 提高

到 1980 年的 0.456，2017 年提高至 0.752，进入世界高人类发展组，成为过去 40 年世界各国中提高速度最快的国家。

我们再来看减少绝对贫困人口的情况。基于世界银行数据库国际贫困线标准，即每人每日支出 1.90 国际元，1981 年中国有 8.8 亿绝对贫困人口，到 2013 年已经下降至 2500 万人，中国减少了约 8.59 亿人。而全世界其他国家则从 1981 年的 10.19 亿人下降至 2013 年的 7.66 亿人，减少了 3.6 亿人（见表 3），中国减贫对世界贡献率达到了 75.5%。这说明中国的成功就是世界的成功，特别是发展中国家的成功。

表 3　中国与世界减少绝对贫困人口（1981—2013 年）

年份	中国		世界		中国贫困人口占世界比重（%）
	贫困人口（万人）	贫困发生率（%）	贫困人口（万人）	贫困发生率（%）	
1981	88383.59	88.3	190292.74	42.15	46.45
1984	79060.86	75.8	185859.60	39.06	42.54
1987	66498.12	60.8	174581.47	34.81	38.09
1990	76122.91	66.6	184959.86	35.01	41.16
1993	67554.69	57.0	185460.13	33.49	36.43
1996	51464.57	42.1	166595.80	28.78	30.89
1999	50993.64	40.5	169218.92	28.04	30.13
2002	41040.73	32.0	158750.77	25.3	25.85
2005	24516.75	18.8	132689.36	20.37	18.48
2008	19455.49	14.7	120500.53	17.83	16.15

续表

年份	中国		世界		中国贫困人口占世界比重（%）
	贫困人口（万人）	贫困发生率（%）	贫困人口（万人）	贫困发生率（%）	
2010	14991.37	11.2	107732.52	15.56	13.92
2013	2517.33	1.85	76640.66	10.68	3.28
1981—2013变化量	−85866.26	−86.47	−113652.08	−31.47	43.17

数据来源：世界银行 WDI 数据库，贫困线标准为 1.90 国际元。

全面建成的小康社会就是全体人口的小康社会，包括绝对贫困人口彻底脱贫的小康社会，中国作为世界上人口最多的国家最终告别绝对贫困。

九、从科学技术空白之国到世界创新大国

1949 年的中国是世界上科技空白之国。新中国成立初期，中国仅有 30 多个专门的研究机构，其中还有一部分去了中国台湾，全国科技人员不足 5 万人，相当于就业总人数的 0.028%，专门从事科学研究的人不足 500 人。[①]2018 年，中国从事研发的人员折合全时人数已经达到了 418 万人年。

我国 1984 年制定了《中华人民共和国专利法》，仅用了 30 多年的时间，我国发明专利从无到有，从少到多，从多到最大。世界知识产权组织提供的数据显示，1985 年，我国居民专利申

---

① 参见武衡、杨凌主编：《当代中国的科学技术》，当代中国出版社 1992 年版，第 4 页。

请数占世界总量比重仅为 0.9%，到 2017 年已经上升至 57.6%，相当于美国总数的 4.24 倍，相当于日本总数的 4.79 倍，中国也成为世界最大的知识生产国。世界知识产权组织公布的最新数据显示，在专利申请量授权量方面，我国是第一大国。[①] 现在的科技竞争主要是中、美、日三国，再加上欧盟。中国技术创新异军突起的国际意义在于代表发展中国家的崛起，从而带动整个发展中国家的科技合作、科技创新和科技进步。

十、从世界最大的传统农业社会到世界最大的现代城市社会

1949 年，全国仅有 132 个城市，100 万人口以上城市仅有 10 个。城市市区人口 3949 万人，占全国总人口的比重为 7.3%。[②] 到 1978 年，中国的城市人口已经超过美国，成为世界最大城市人口国家。经过 40 年的发展，中国的城镇人口已经达到 8.3 亿人，相当于美国城镇人口数的 3.1 倍、欧盟城镇人口数的 2.1 倍、印度城镇人口数的 1.84 倍。[③]2016 年，我国自来水普及率为 98.4%，燃气普及率为 95.8%，城市污水处理率为 93.44%。这些指标在很大程度上都已经接近或者达到了发达国家的水平。[④]

---

① 2017 年，中国本国居民专利申请数占世界总数的比重为 43.6%，相当于美国的 2.27 倍。数据来源：世界知识产权组织。

② 参见《新中国城市五十年》，新华出版社 1999 年版，第 53—54 页。

③ 数据来源：世界银行 WDI 数据库。

④ 参见《改革开放 40 年》，中国统计出版社 2018 年版，第 217—222 页、第 325 页。

中国从世界最大农业社会到世界最大的城镇社会是现代化的重要标志。1960 年，我国农村人口占世界比重高达 27.8%，2017 年降至 17.2%，同期我国城镇人口占世界比重从 10.6% 上升至 19.5%，城市和农村人口比例从 1949 年的"一九开"已经超过"六四开"，在 70 年的时间内走完了西方国家上百年的城镇化道路。

十一、从封闭社会到全面开放社会

1950 年，我国货物贸易进出口额为 11 亿美元，占世界贸易总额的比重为 0.9%，相当于美国的 5.5%。[1]2017 年，我国货物贸易进出口总值为 27.79 万亿元人民币，连续 8 年保持货物贸易第一大出口国和第二大进口国的地位。1982 年到 2017 年，中国的贸易增长率达到 14.2%。这些数据都表明，中国在出口方面已经居世界首位，但是在进口方面还有相当大的潜力。如何通过进一步对外开放实现出口和进口相对平衡，是下一步的目标。

我国对外投资从无到有，从小到大，已经成为世界第三大对外投资国。2017 年末，我国直接对外投资存量达到 1.48 万亿美元，境外企业资产总额超过 5 万亿美元。尤其是开展"一带一路"建设，直接促进对外投资快速增长。[2] 这是现代中国最开放的时代，是中国走近世界舞台中央的时代，也是中国影响世界最显著的时代，更是中国对人类和平与发展贡献最大的时代。

---

① 数据来源：国家统计局网站。

② 参见《改革开放 40 年》，中国统计出版社 2018 年版，第 53—56 页。

十二、从封闭落后的文化之国到开放、先进的中华文化软实力大国

中国进入 21 世纪以后，特别是党的十六大报告将文化建设纳入现代化总体布局之后，中国特色社会主义文化建设进入大发展、大开放、大繁荣的时代。2012 年，全国出版图书高达 37 万种，仅一年的出版量就大大超过了古代到辛亥革命 2000 年的出版量（20 万种）。[①] 中国文化产业增加值占 GDP 的比重由 2004 年的 2.15% 提高到 2017 年的 4.29%，已经成为国民经济支柱型产业，中国进入世界文化产业大国前列。公共文化事业迅猛发展，到 2017 年末，全国广播电视节目综合人口覆盖率分别达到 98.7% 和 99.1%，实现覆盖城乡 14 亿人口和 3.4 亿户家庭[②]，以极低的成本享受各种文化服务和个性消费，进入历史上文化建设的最好时期。

在国内，我们坚持"百花齐放、百家争鸣"的基本方针，积极鼓励中国特色的文化创新；既要发扬中国优秀的传统文化，也要创新反映时代特征、具有中国特色、中国风格、中国气派的文化成果。在国际上，我们坚持"对外开放、以我为主"的基本方针，积极吸收世界各国文化发展的有益成果，取其精华、弃其糟粕，"以我为主，为我所用"。

---

① 参见张贺：《每年出书 37 万种，意味着什么》，《人民日报》2013 年 4 月 22 日。

② 参见《改革开放 40 年》，中国统计出版社 2018 年版，第 241 页。

十三、从"一大二弱"到综合国力跃居世界前列

中华人民共和国 70 年的历史就是一部从被歧视的世界弱国[1]，成为世界社会主义大国，进而跃居世界综合国力前列的历史。在 200 多年世界性的工业化、现代化过程中，中国曾是落伍者、后来者，但后来居上，大踏步地赶上时代，仅用了几十年的时间赶上和超过了最发达国家美国用 200 多年时间所取得的工业化、现代化、城镇化和信息化成就。当然，这个现代化过程还远未结束：到 2035 年基本实现社会主义现代化，到 2050 年全面建成社会主义现代化强国。

十四、从世界边缘日益走近世界舞台中央

古代中国是世界文明中心之一。近代中国成为世界工业化、现代化、全球化的边缘化者、落伍者。直到新中国成立，现代中国开始崛起，成为世界政治大国、军事大国，国际地位不断提高。诚如邓小平所言：中国在世界上的地位，是在中华人民共和国成立以后，才大大提高的。只有中华人民共和国的成立，才使我们这个人口占世界总人口近四分之一的大国，在世界上站起来，而

---

[1] 毛泽东指出，过去说中国是"老大帝国"，"东亚病夫"，经济落后，文化也落后（"一大二弱"），又不讲卫生，打球也不行，游水也不行，女人是小脚，男人留辫子，还有太监，中国的月亮也不那么很好，外国的月亮总是比较清爽一点，总而言之，坏事不少。但是，经过这六年（指 1949—1956 年）的改革，我们把中国的面貌改变了。我们的成绩是谁也否认不了的。参见《毛泽东文集》第七卷，人民出版社 1999 年版，第 87 页。

且站住了。[①]

改革开放之后的中国，打开大门，请进来，走出去，逐渐发展成世界第三、第二、第一大国。其中，到 2000 年有两个指标居世界第一位；到 2010 年有七项指标居世界第一位；到 2017 年共有十一项指标居世界第一位，有四项居世界第二位，有一项居世界第三位（见表 4）。这反映了进入 21 世纪后中国走向世界舞台，到 2017 年日益走近世界舞台中央。

表 4　中国主要指标位居世界第三、第二、第一的年份

序号	主要指标	第 3 位	第 2 位	第 1 位	数据来源
1	GDP（汇率法）	2007 年	2010 年		世界银行
2	GDP（PPP）	1994 年	1999 年	2017 年	世界银行
3	农业增加值		1994 年	1995 年	世界银行
4	工业增加值	1999 年	2006 年	2011 年	世界银行
5	商品出口	2004 年	2007 年	2009 年	世界贸易组织
6	商品进口	2003 年	2009 年		世界贸易组织
7	服务出口	2011 年			国际货币基金组织
8	服务进口	2011 年	2013 年		国际货币基金组织
9	外汇总储备（不包括黄金）	1995 年	1996 年	2006 年	国际货币基金组织
10	本国居民发明专利申请数	2003 年	2009 年	2010 年	世界知识产权组织

① 参见《邓小平文选》第二卷，人民出版社 1994 年版，第 299 页。

续表

序号	主要指标	第3位	第2位	第1位	数据来源
11	本地居民直接提交的商标申请数		1997 年	2001 年	世界知识产权组织
12	科技期刊文章数	2003 年	2004 年	2016 年	美国国家科学基金会
13	铁路客运量（百万乘客－公里）			1999 年	世界银行
14	航空运输，客运量（人次）	1993 年	2004 年		国际民用航空组织
15	能源消费	1985 年	1993 年	2009 年	英国石油公司《世界能源统计年鉴》
16	发电量	1994 年	1996 年	2011 年	英国石油公司《世界能源统计年鉴》
17	可再生能源发电量，不包括水电（千瓦时）	2011 年	2012 年	2018 年	英国石油公司《世界能源统计年鉴》

总之，中国现代化之路是中国社会发生天翻地覆巨变之路；是世界上人口最多、贫穷、落后的欠发达国家实现工业化、城镇化、信息化和现代化发展转型之路；是世界上极少数社会主义国家继续探索和实践社会主义建设包括改革的创新之路；是由十几亿人民，56 个民族，31 个省市自治区，港澳台同胞，海外侨胞共同组成的，共同推动的中华民族伟大复兴之路；是中国迅速崛起走向世界强国的和平发展之路。中国和平发展打破了"国强必霸"的大国崛起传统模式。① 其政治意义、社会意义在人类历史上都是罕见的。

---

① 建立殖民体系、争夺势力范围、对外武力扩张，是近代历史上一些大国崛起的老路。——作者注。

新中国对外开放 70 年 [①]

江小涓

清华大学公共管理学院院长，教授、博士生导师

---

① 此文系江小涓教授在"国情讲坛"第四十五讲的文字记录稿，2019 年 12 月 20 日。

对外开放是我持续研究的领域。本文主要包括四个方面的内容：第一，中国确实已经是一个高度开放的国家。第二，为什么我们总是把改革、开放并提，为什么开放的意义如此重大。第三，目前国际国内的环境到底发生了哪些重要变化。第四，如何确定新的开放战略。两个讲过去，两个讲未来。文中的观点都有实证研究、案例以及数据支撑。

一、中国已经是开放度较高的国家

中国已经是一个开放度比较高的国家。第一，中国是进出口贸易大国，不仅数量大，而且外贸的重要性也非常高，这可以用对外贸易依存度来体现。第二，中国是吸收外资和对外投资大国，外资对经济贡献很明显。第三，40 多年来开放指标明显高于增长指标，说明开放的贡献是非常突出的。

（一）进出口贸易大国，对外贸易依存度较高

中国的出口总额 1978 年只有 200 亿美元，然后逐渐增长，到 2018 年，中国已经是全球对外贸易量最大的国家。中国从一个极小的出口经济体变成了最大的出口经济体。

贸易依存度反映外贸对一个国家的重要性，可能比绝对数字更加重要。它是一个国家外贸总额占国内生产总值的比重，表示的是对外贸易的相对重要性。我们选择美国、日本、中国这三个最大的经济体进行比较。同日本、美国相比，中国外贸总额占 GDP 的比重，也就是贸易依存度要高出日本、美国不少。我们

说中国是一个开放度高的国家，不是从额度上讲的，而是从相对重要性来说的，贸易依存度可以反映这样一个结果。

（二）吸收外资和对外投资大国，外资对中国经济贡献明显

开放以来，中国成为吸收外资和对外投资的大国。中国吸收直接外资在 1985 年之前是非常少的。中国吸收直接外资从开放初期的几千万美元增加到 2018 年的 1350 亿美元，40 年累计吸收外商直接投资 2.1 万亿美元，这个数据是非常可观的。中国有三年时间是全球吸收外资最多的经济体，此后由于美国加大了对外资的吸收力度，中国一直排在第二位。

中国也是对外投资的大国。中国的对外投资在 1999 年之前都在个位数量级，此后快速增长。2018 年，我国非金融类对外直接投资达到 1205 亿美元，增长是非常快的。中国连续七年排在全球对外投资的前三位。中国作为一个后起的发展中大国，可以说对外投资不比吸收外资的地位弱，同样是非常重要的。

（三）开放指标明显高于增长指标，开放的贡献突出

开放对中国经济增长的影响突出。我们可以看两组数据。第一组数据表明涉外经济在国民经济中占有重要地位。举一个例子，在工业增加值中，外商投资工业企业所占比重 2018 年为 23% 左右，最高的时候 2005 年、2006 年占将近 30%，有将近 30% 的工业产出是合资、外资企业产出的。第二个例子是涉外经济对增值税的贡献。1997 年后涉外经济对增值税的贡献比对增加值的贡献低 4—5 个百分点。尽管中国对外资有一定的税收优惠和减免政策，但不像我们想象的或者有些观点说的那样，中国吸引外资但外资拿走了所有东西，税收也被减免掉。其实这部分的比重有4—5个百分点的差距，2018年约占税收总额的18%。此外，外商投资企业肯定是外向度比较高的，涉外经济对中国出口贡献率最高的一年达到61%，现在稳定在40%—45%。更重要的是，涉外经济结构比较好，占高新技术产品出口的比重为53%，最高的时候将近80%。外资对整个国民经济具有很重要的贡献。

第二组数据，开放对增长的影响突出。所有主要的开放相关指标都高于经济增长的指标，尽管这个指标不是非常科学的，但总体上可以看出一个趋势。1979—2017年，我国的GDP年均增长率达到9.5%，已经是全球最好了。与此同时，我国贸易的增长是18.4%，出口的增长是18.8%，吸收外资的增长是10.7%，对外投资从有统计数据的2001年之后增加将近30%。涉外经济增长的指标均高于中国本身经济增长的指标，所以我们说开放对增长有非常突出的贡献。

从各种指标上看，和其他发达大国相比，中国是一个开放度比较高的经济体。

二、开放的意义何以如此重大

改革、开放一直是并提的，特别是在我们的重要文件和领导人讲话中把开放的位置提得非常高。我从四个方面跟大家分享一下我的观点。第一，开放有利于快速解决国内生产要素极度失衡的状况。第二，引进了资金，同时引进了先进的技术。第三，开放推动了国内体制改革，特别是推动了一些由于各方面原因推不动的改革，在重要节点上对改革产生了本质的推动。第四，中国可以参与全球分工体系。在全球化过程中，在体系之外还是在体系之内是很不一样的。

（一）尽快解决国内生产要素极度失衡的状况

开放能够尽快解决国内生产要素极度失衡的状况。中国为什么要出口劳动密集型产品？我们说，开放为数量巨大的"隐蔽型失业"劳动力提供了寻求"变现"的机会。在改革开放初期，大量农村劳动力看上去没有失业，但按照农村人均拥有土地资源来看的话，边际生产力几乎是 0，他们不会影响农村生产的产出。由于他们没有其他现代化产业的就业机会，只能留在农村，这是发展经济学中典型的"隐蔽型失业"，即看不出有失业人口，但实际上边际产出非常小。生产要素极度失衡意味着有特别富余的劳动力，由于太富余、供给太过剩，劳动力就很不值钱。如果我们能够增加短缺要素，把这些劳动力都消化掉，就可以让这些富余生产要素的价格上去，让相对价值极低的劳动力"升值"。

开放能够引入现代产业。大量外商投资的工业企业进入中国以后，可以让劳动力进入现代生产、现代社会之中。以上每一条都是非常重要的，都是以人为本的发展方式的体现，体现的是人的变化。

1. 中国为什么要出口劳动密集型产品

我们看一下 1985 年中国和美国的一个对比。中国占全球资金量只有 5%，但劳动力占全球的 25%。其实这个数字是按照购买力平价算的，如果按照当时国内汇率来算，中国的资金量只占不到 2%。而美国是什么情况呢？美国当时的资金投资能力占全球的 25%，但劳动力恰好占全球的 5%。中美两个国家，一个有那么多资金却没有劳动力，一个有那么多劳动力却没有资金，是不是应该在生产要素之间有一种更好的开放匹配，然后让每一种要素都能够恰当地匹配到另一种要素呢？经济学上讲，所有要素的边际产出相等的时候，要素的配置效率是最高的，但当时显然不是这样的。如果我们有办法让富余的劳动力到美国就业，把美国富余的资金拿到中国来投资，那么这两个国家的要素匹配都会更好一些。因此，在要素极度失衡的时候，富余要素特别是劳动力得不到进入现代生产过程的机会，而且非常廉价。只有多种要素组合，才能开始现代化的生产过程。这个过程可以变，国内可以积累，但单纯靠国内积累的速度会非常慢。

一个国家生产过程要开始，这几种要素一个也少不了，分别是劳动力、土地、淡水资源、能源、投资和技术。1980 年，中国劳动力占全球的 23%，耕地占全球的 7%，淡水资源占全球的 6%，石油占全球的 1.5%，投资占全球的不到 2%，研发投入几乎可以忽略不计，大概占全球的 0.5%—1%。这样的话，怎么才能把各种生产要素匹配起来，让富余的劳动力进入现代生产过程呢?

2. 劳动密集型产品是"出口"剩余劳动力的载体

在全球化中,尤其在当时那个阶段,劳动力的流动性是最差的。为什么美国要进行大量的海外投资呢?因为美国资金虽然很富余,但在国内得不到很高的回报。资金是全球化中流动性最强的要素,可以流动到任何一个缺资金的国家以获得更高的回报。但这对劳动力来讲就非常困难,全球化中劳动力流动受到的限制最多,所以中国不能依靠大量劳动力到国外就业来解决极度失衡的生产要素结构问题。

劳动密集型产品是全球化中"出口"剩余劳动力的载体。为了解决失衡的要素配置问题,中国要大量出口劳动密集型产品。20 世纪 90 年代末,大概 1997 年、1998 年的时候,是中国劳动密集型产品出口量的顶点,大概有 8000 万城镇就业人口直接生产用于出口的商品和服务。这是什么概念呢?大约 1/3 的城镇工业就业人口搭载在出口面对的全球市场上。这些人是什么人呢?这些人都是农村转移的劳动力,原来守着一亩三分地,拿着极低的收入,没有机会进入现代生产过程,通过这样一种模式进入现代的生产过程。当时最主要的批评意见,是说跨国公司到中国搞"三来一补",出口企业给中国工人付的工资是在他本国所付工资的 1/15 到 1/20(其实刚开始的时候 1/30 都不到,20 世纪 90 年代中后期的时候大概可以达到 1/20 或者更多一点),这是非常不公平的。公平与否要看和谁比较。当时外商投资企业的工资是国内各类企业中最高的，2007 年，外资单位、国有单位和城镇集体单位职工平均工资分别为 27942 元、26620 元和 15595 元。当时的就业者都以到外资企业工作为骄傲，感觉找到了一个高收入的工作。所以比较的对象一定要恰当。

如果不开放，就无法实现高密度的就业。有观点认为，即使不开放，只要增长就有就业，其实那是做不到的。中国出口的产品都是劳动密集型产品，如服装、鞋帽、文教用品、家具制造、仪器仪表、纺织品等，都是劳动最密集的产业，特别准确地匹配了中国的要素特点。出口的行业中，越是劳动密集的，越是需要资金量少的，出口量越大。中国大量进口的产品，包括化学原料与制品、医药制造、化学纤维、石化行业，都是高资金密集度的，平均高出中国人均净资产三四倍以上。如果在国内发展这些行业，既不能用较多劳动力，还要用大量最紧缺的资金，配置是不合理的，所以中国只有开放。如果中国不出口的话，在国内是不可能把这样多的劳动密集型产品消化掉的。全球配置以后，中国可以大量发展劳动密集型产业，大量出口劳动密集型产品，然后把原来低收入的农村人口吸引到现代生产过程中。

3. 增加短缺要素，让相对价值极低的劳动力"升值"

早期劳动密集产品出口企业，一个工厂几乎都是人，其他东西很少。20 世纪初，最初一批吸收外资的服务业企业，每盏灯下坐着一个人，人均 1.6 平方米，用一点电，没有任何污染。这是纯粹的劳动密集型服务业，也是中国最初吸收外资最多的服务业。这个企业曾经面临很大的争论。当时企业老板说，"我为什么到中国来呢？是因为我到中国雇的员工工资是我在国外员工的1/25，而且按照计件工资的方式，他们都想多些收入、愿意加班，所以我很愿意来中国"。这在当时引起国内哗然，说外资企业到中国来剥削中国的员工。那么这些员工是什么情况呢？从当地农村招工，农村人均年收入不到 1000 元。如果来这家企业工作的话，初中毕业后培训大概一个月就可以上岗，不加班的最低工资是 450 元，稍微加班就是一个月六七百元，工人一年的工资是原来在农村收入的 5—7 倍。当时这个企业引起了一些争议，去看、去问的人很多，然后这些员工就很生气地说，"我们想多挣点，我们这个活挺好的，我们不想回到地里面去风吹日晒，你们就再别折腾了，让我们把这个活好好干下去"。所以这个问题是一个此时此地、彼时彼地的问题。

4. 引进现代产业让劳动力进入现代社会

经过大量出口劳动密集型商品，特别是引进外资和技术之后，中国原来的要素结构迅速改变。从我国生产要素结构来看，在当时的情况下，用一点点资金把这么多劳动力吸纳到现代生产中去，唯一能做的就是多发展少用钱、多用人的产业。在生产要素中，地、水、能源是资源禀赋，是很难变的，比重是稳定的。劳动力在很长时间内是比较稳定的，但随着独生子女政策见效，现在中国的劳动力占全球比重已经降到 20% 了。什么在增加呢？投资比重在增加，中国的固定资产投资总额占全球比重从开始很低的 2%，到 5%、7%、13%，现在已经超过 26%，中国现在是一个资金相对富裕的国家。在所有要素中，劳动力占比 20%，资金占比 26%，而且研发投入已经占全球的 22%。这一比重变化是本质性的。一方面，我国经济高速增长，实现自己的积累；另一方面，我国靠吸引外资和技术，大量吸纳劳动力形成了现代产业，带来了经济的高速增长。

中国通过大量出口劳动密集型产品来解决要素结构极度失衡的问题。这个问题一定要理解到位，劳动密集型产品出口是劳动力全球就业的载体，是原来收入很低的农村转移劳动力进入现代产业提高收入的一个重要机会，中国在过去 40 多年的开放中做到了这一点。

（二）引进外资和先进技术

过去 70 年中，我们理解最不够或者误解最大的是前 30 年的发展模式。对于前 30 年，我们总是说，一方面我们闭关锁国，排斥外面的东西；另一方面我们实现独立自主发展现代产业。为什么后 40 年不行？回答这个问题一定不能走极端，一定要看看事实情况是怎么样的。

1. 新中国成立前 30 年的技术引进

用一句话来定位前 30 年，就是在大规模引进基础上建立现代产业体系。

20 世纪 50 年代的"156 项工程"，是非常重要的一系列工程引进。156 项工程是什么概念呢？这一系列工程遍布工业部门，发挥了极其重要的作用，是整个经济发展规划的核心部分。其中包括中国从来没有的七大现代产业部门，包括钢铁联合企业、有色冶金联合企业、大型煤矿、大型炼油厂、重型机器制造厂、汽车制造厂、大型水力火力发电站、电气技术和无线电技术企业等，包括鞍钢的大型轧钢厂和无缝钢管厂、第一汽车制造厂、吉林三大化工厂、哈尔滨电机厂、哈尔滨重型机器制造厂等。那么它在生产中占多少比重呢？中国在"一五"期间生产的新产品至少80%以上完全是由引进的设备图纸和原型来生产的，那个时候引进技术比现在重要得多。到1956年底，我国机械工业制造了几千种新产品，其中绝大多数是仿照苏联、东欧国家提供的图样制成的。1957年发展的400多种新产品中，有300多种是仿制品。

1960年中苏关系恶化，苏联专家撤走以后，中国就努力自力更生。实际上，此后我们又开始从发达国家引进技术。有些是直接引进，有些是通过第三方引进。中国现在的很多传统友好国家，就是当时中国引进技术的跳板。1962年，中国从日本引进了第一套维尼纶设备，建立了现代的化学纤维生产业。1963年到1966年，中国从日本、英国、法国、意大利、联邦德国等国引进聚乙烯成套设备、化肥生产设备、石油加工联合装置成套设备、化工生产的成套设备及合金钢冶炼、特种钢材轧制技术等。中国引进了很多设备，当时最主要的就是增加农业生产。"大跃进"以后农业生产被放到了非常重要的地位，所以有大量化肥生产设备被引进。此外，还有化工生产设备，大量钢铁、冶金行业设备，以及最重要的建筑材料和重型设备，建立起若干原来几乎空白的现代化大规模制造能力。这一时期，中国都是从欧洲一些国家引进，主要是中国没有办法和更多国家打交道。

1971 年，中国恢复联合国合法席位，与美国、日本等更多国家关系正常化，随即开始了新一轮的大规模技术引进。1973 年提出从国外进口 43 亿美元成套设备和单机，即"四三"方案，之后追加为 51.4 亿美元。包括十三套 30 万吨合成氨和 48 万吨尿素的大型化肥装置、四套大型化纤设备、三套大型石油化工设备、三个大电站、四十三套综合采煤机组、武钢一米七轧机以及透平压缩机、燃气轮机制造设备和贝斯发动机项目。其中，武钢一米七轧机《人民日报》头条现在还可以查到。怎么看它的重要性呢？这个阶段引进技术和设备所需资金，占全部建设项目投资的 1/5。此前、此后包括到现在，我们从来没有再达到过引进设备占我们全部投资的 1/5，这是一个惊人的规模。可以想象中国当时对国外先进技术和设备的需求有多么迫切，对它的重要性的理解是多么到位才会作出这样的选择。

闭关锁国的帽子不符合前 30 年的实践，不是主流的指导思想。当时的国际环境存在制约，在中华人民共和国还没有成立的时候，就已经有一个涉及几千个项目的"巴统协议"，西方国家签订协议不准向中国出口技术稍微先进一点的设备。所以当时中国只能转向苏联和东欧国家。这确实是一个被迫的选择，而不是中国有偏见，排斥跟谁打交道。国际环境的制约和一个有偏见的国际环境，使中国产生了有"偏向"的开放政策。

2.改革开放40多年来的资金与技术引进

最近40多年的利用外资和技术引进，有两个主要观点：一是外资作为资金来源的地位先升后降，二是伴随外资的技术引进水平是渐次提升的。

20世纪90年代中期是外资占中国固定资产投资总额最高的时候，比重大概占14%。现在尽管外资本身还在增长，但占国内投资的比重变得非常小，仅有1%到2%。中国投资总计五六十万亿元，外资进来1000多亿元，所占比重是很低的。随着中国自己的资金积累和资金能力上升，外资作为资金来源的影响明显减弱。

外资在早期没有引进太多先进技术。20世纪90年代初期，中国开始从事一些中低档的、装配性的加工制造业，也就是零部件进来、我们装配出口。所以20世纪90年代中期有一场非常大的争论，说外资企业没有引进先进的技术，而是用很低的工资使用了中国的劳动力，生产产品在国际市场上大赚，而中国没有得到什么。

2001—2003年，我主持了一个系列的调研，去了7个地方的127家跨国公司。我们想考察这127家跨国公司到底有没有引进先进技术。我们发现，42%的企业引进了母公司最先进的技术，45%引进了比较先进的技术，只有13%引进了一般的技术。做好调研是要花心思的。最初调查的时候，每一家企业都告诉你，它引进的是最好的技术，可是你回来找技术专家或者同类企业问，实际上可能并不是最先进的技术。对我们这种企业技术的外行来讲，对技术先进性进行评价本身就是一个很大的挑战。后来我们借鉴国外调研的方法，不要企业的评价，而是这样定义：在母公司使用三年以内的技术拿到中国来用，就叫最先进的技术；超过三年但跨国公司在本土继续用的技术，就叫比较先进的技术；如果把母公司已经淘汰不用的技术拿到中国来，就叫一般技术。我们划了一个档次出来，大概42%和45%的企业引进了先进技术和比较先进的技术。那个时候，跨国公司转移先进技术和比较先进技术的原因其实不是国内对它们有什么要求。这是一个交易的过程，我们没有办法强迫谁一定要把最先进的技术拿过来。

企业为什么会转移技术呢？转移的原因是竞争。1992年之前，跨国公司很少来中国大陆，都是以中国香港、东南亚为基地，以海外华人为主的中小型项目。邓小平南方谈话以后，跨国公司预测中国会有高速发展，便迅速进入中国。到2000年，世界500强中的339家已经在中国有投资，其余的也在随后两三年内几乎全部在中国有投资了。它们在中国市场上面临的竞争者不是国内的企业，而是其他的跨国公司，不拿出先进的技术在中国市场上是没有竞争力的。从1999年到2014年，九大汽车集团全部在中国投资，而且投资项目不止一个。所以他们拿最新的车型、最好的技术、相对可竞争的价格来吸引中国消费者，这是竞争的需求。2004 年以后，越来越多的跨国公司新品在中国首发。因为中国市场竞争最激烈，消费者最喜欢新的东西，所以一定要把新的东西拿到中国来使用，引进的几乎都是最先进的产品。

外资作为资金本身数量的重要性在下降，但外资引进技术的档次是在持续提升的。

（三）开放推动体制改革

开放从四个方面推动了体制改革：第一，开放创造了新的体制需求。第二，开放提供了新的体制供给。第三，开放推动了法律制度的建设。第四，开放加大竞争压力，促进企业改革创新。

1. 开放创造新的体制需求

开放创造新的体制需求是从经济特区开始的。经济特区建立，允许外商投资，建立出口企业发展生产，这时商品市场有了，要素市场有了，劳动力市场有了，那么政企关系、企业所有制结构、治理结构、经济管理体制、法律法规体系等市场经济中需要的体制因素必须跟上，市场经济体制框架必须形成和发展。中国不可能按照原来的计划方式管理外商投资的由市场配置资源的企业，自然在经济特区就需要跟上一套市场经济的管理体制，使经济特区成为经济体制改革的试验区。邓小平说，深圳的发展和经验证明，我们建立经济特区的政策是正确的。这个批示是非常有名的。

2. 开放提供新的体制供给

开放型市场经济的运行在很多国家已经实践了多年，中国在对外开放中能够学习和借鉴，不必从头开始试错。比较典型的就是中国加入世界贸易组织（"入世"）的时候，中央、地方修改了将近3000项法规和文件。在"入世"过程中，依法行政、公开透明、减少审批、企业改革等理念逐步形成，并加快推进。

3. 开放推动法律制度建设

我国建立与市场经济相适应的法律制度，是从制定吸收外资相关的一系列法律开始的。从1981年到1991年底，仅全国人大和国务院颁布的涉外经济法律法规就有200多个。在这些法律法规中，引入了市场经济中最必要、最基本的概念和制度框架，这也成为我国随后的市场化改革的重要先导和启蒙。举一个例子，大家知道盗版软件的问题。最早我们到中关村去组装电脑，别人会随便把软件装上去。"入世"后中国承诺解决这个问题，后来中国政府非常认真地要求政府机关首先实现软件正版化，一台台机器去查，先带头不再安装盗版软件，为社会作出贡献。这是中国开放中理念的变化、行为的变化，开放推动了法律制度的建设。

4. 开放加大竞争压力，促进企业改革创新

国内民营企业是在市场经济环境下成长起来的，从一开始就非常适应市场竞争。但有很多大型国有企业，原有体制同跨国公司在技术、资金特别是体制机制上的灵活度很难匹配，改革面临存量调整，有很多制约因素。很多跨国公司在20世纪90年代中期进入中国以后，真正促进了国有企业的变化和改革，但最初的冲击是非常大的。1992年，特别是1995年以后，很多企业尤其是大企业受到外商投资企业冲击，经营很困难。国内企业受到

外资企业打压，报纸的通栏标题说，"引进一家外资企业，冲垮中国一个行业"，确实有这样的情况发生。当时各方面呼声很高，直达高层，再继续引进外资，中国企业特别是排头兵企业就将全军覆没。当时出台过政策，要求各行业前三位是不能合资的，要保留中国企业骨干的力量，可见冲击力有多大。

总的来说，这场仗国内企业没有输，国内企业绝对不是不堪一击的。如果没有跨国公司的冲击，企业有很多地方难以改变。冲击带来的最大变化是什么呢？我觉得是环保。原来国内的洗涤用品是高污染行业，车间味道很难闻，但跨国公司的企业车间，我们几乎不知道是生产洗涤用品的，里面一点味道都没有。这次冲击对环保有很大改变，带来很多积极的东西。

（四）参与全球分工体系

中国开放以后可以参加全球分工体系，这是非常重要的。20世纪80年代以来，全球化在加速。为什么中国能够那么快地有出口，有外商吸引和投资呢？因为大背景是全球化加速推进，全球分工体系迅速扩展和深入，引进外资其实就是加入跨国公司的全球生产体系。如果不用这种方式，中国没有能力挤进这样的产业链中。引进外资，就是加入其中，能在全球价值链上找到位置，分享全球生产的益处。参与这个过程能够同全球主流产品和技术相关联，可以了解和学习很多东西，这是参加全球分工体系的另一个好处。

参与全球分工体系的收益怎么算？这是当时吵得一塌糊涂

的事情。有人说中国出口一部车在国际市场上卖 1 万美元，只能拿到销售收入的 1/5，2000 美元都不到，只赚那么一点钱，利润更少。也有人说，那时候我们出口一部摩托罗拉的模拟制式手机，只能拿到销售收入的 1/7，利润总额的 1/10。中国出口千万件衬衫换一架飞机等说法，到现在还有人在讲，特别是有些经济学者在用这个数字，让人心痛。

全球化和全球价值链是什么概念呢？起码的理念是一个产品由多国共同完成。中国干什么呢？中国往往在做最后的加工装配环节。产品是价值链上大家一起做的，虽然是从中国卖出来的，但收益应该大家一起来分，这是最简单的常识。用比较专业的话来说，分析这个问题一定要区别增加值和出口额。出口额是销售收入的概念，既包含在我国国内新创造的增加值，也包含从国外转移的价值即进口投入品的价值。其中只有增加值计入中国的 GDP 之中，而转移价值的部分与中国的投入无关，是不计入 GDP 中的。

三、国内国际环境变化

国内环境的变化主要是要素结构和产业竞争力的改变。国际环境的变化在于全球化内在的推动力减弱，各国都在延伸产业链，发达国家再工业化趋势明显。此外，数字和网络技术助力服务全球化，成为新的积极推动因素。

（一）国内环境变化

中国劳动力已经不具有优势了，虽然数量还不少，但在全球的相对比重下降了。技术和资金已经变成相对有优势的因素了。未来，中国在劳动力、耕地、淡水、石油四部分的占比基本不会增加了，但在投资和研发两部分还会继续上涨。将来中国会变成一个要素结构倒过来的国家，这一部分怎么解决呢？中国为什么要进口那么多大豆呢？进口大豆就是进口土地。这和出口劳动力是一样的，出口劳动密集型产品就是出口劳动力；进口富含自然资源的产品，就是进口自然资源；进口土地密度高的产品，就是进口土地。土地可以有很多用途，如果一定要生产大豆的话，要素配置是非常昂贵的，没有实现最高效率的使用。

国内环境根本性的变化，在于生产要素结构和40年前相比有本质性的改变，产业竞争力也改变了。一方面，资本和技术能力极大提升。全球1/4的投资总额、1/3的制造业投资在中国，全球研发投入的22%在中国。大部分产业技术已达世界先进和较为先进的水平。我们说跟跑、领跑和并跑，现在并跑是大多数，领跑和跟跑相对是较少数。另一方面，劳动力成本优势迅速减退，劳动力成本快速上升，已经超过了大部分发展中国家。考虑到劳动生产率的差距，中国和一些发达国家相比，劳动力成本不具备明显的优势。

（二）国际环境变化

全球化的产业基础发生变化：一是产业链的全球分工好像触

及天花板；二是自动化、智能化使发达国家制造业回流和再工业化具备可能性；三是发展中国家的本地化努力抑制了全球化继续发展。某国原来只生产 1 个零部件，现在想生产 3 个零部件、想制造发动机、想生产整车，想把原来全球分工的产业链更多转移到自己国家，最后会降低全球化的程度。

全球价值链增长明显放缓。1980 年到 2000 年是全球分工高速发展的阶段，跨国公司全球产业链，也就是跨国公司的国际贸易是国际贸易增长的主要部分。跨国公司相关贸易在国际贸易中的比重，1980 年只占 1/3，2000 年占将近 70%。此后速度一直在放慢，从 2000 年到 2010 年只提高了 5%，2016 年和 2010 年相比甚至有所回落。这是一个基本的产业面变化。从技术和成本角度看，制造业全球分工似乎达到了均衡稳定状况，再继续细分和转移的必要性、合理性下降。制造业中只有可切割和加工装配型制造业可以全球分工。我们可以把零件拆开然后在另一个国家装配起来，也可以把一盏灯放到另外一个国家制造，还可以把灯罩和灯盒放到两个国家制造。但很难想象再细分，把一个灯头的玻璃罩、灯丝、螺丝帽再分割。这种分割一定有远距离来回运输的成本，分割的合理性会下降。例如，汽车产业，全球化程度最高的几种车型，20 世纪 80 年代海外制造国家大概有 7 家，到 2010 年有 36 家，而到现在也只有 37 家。在技术和产品架构没有根本改变之前，很难设想再像以往那样继续推进全球分工的细化和深化。例如，手机行业，一部苹果手机拆开来有 200 种零部件，价值链上至少有 6 个国家，很难想象这些零部件还会再拆分。拆分是有成本和收益比较的，所以目前全球产业链的分解趋于停滞，这是一个最基本的变化。

自动化和智能化水平的提升，促进了发达国家制造业的回流和再工业化。自动化、智能化水平提升，使人工成本占比下降。综合考虑，越来越多在中国生产、对北美出口的产品，已经没有竞争优势。国内的企业到美国投资，到底合算不合算？我举一个例子，现在中国工人的工资大概是美国工人的 1/4，但美国工人的生产率是中国工人的 4—8 倍，产品质量的稳定性非常好。企业不值得在中国生产、往美国出口了，所以就大量在北美生产。

此外，发展中国家努力延伸本国产业链。初始仅能接纳全球分工体系中一小部分国家，随着本土产业配套能力延伸、生产技术提升和人才成长，努力拓展本土制造部分在全球产业链中的长度和宽度，争取在本土构建完整的产品生产能力。例如，最开始我们制造手机壳，然后我们想制造手机里面的零件，最后我们还要制造手机的芯片，实际上是全球化回缩。所有后起国家都有生产完整产品的愿望，这种让分工体系回缩到本土的正当努力，导致全球分工体系一部分转为本土体系。

上述因素是导致国际贸易投资增长势头趋缓的产业基础。过去 10 年中，全球化实际上在减速，全球和中国的贸易增速、外商直接投资增速均有所下降，背后就是全球化分工触及天花板。发达国家上岸和发展中国家本地化的努力，使全球产业链基本面发生变化。

（三）网络与数字技术助力服务全球化

长久以来，服务业大部分是"不可贸易"的产业。服务业最典型的特征就是服务生产和服务消费同时同地，不能错时、不能错位，不可远距离贸易。互联网时代以后，服务从"同时同地"变成了"网络抵达之处"。有了网络转播，可以连通全球。在线软件、电子商务、在线支付、文学作品、音乐、游戏、文化与体育视频等，都变成全球生产、全球消费。凡是可以在网络空间提供的服务都是规模效益极大、边际成本极小的，给服务的可贸易性带来本质变化。

在服务全球化方面，我国有明显优势。我国接入互联网的绝对人数远远超过其他任何国家。我们的小众产品能够具有商业价值，可能成为很好的商业模式。有 1% 的人感兴趣就有 1000 万人，这在小国完全是难以想象的。有时发布一个视频在很短时间内就有 1 亿的观看和点击量。仅仅为老年人提供广场舞服务的，就有 6 个网站融资在 1 亿美元以上。数字服务业在国内市场足以同时获得规模经济和竞争效应，双重力量使它成为有全球竞争力的产业。

四、中国对外开放的趋势变化与战略调整

对应国际国内的基本面变化，中国对外开放发生趋势变化和战略调整，主要包括：第一，从垂直分工转向水平分工。第二，

从有偏向的开放转向中性的开放。第三，从政策性的开放转向制度性的开放。

（一）从垂直分工转向水平分工

长期以来，中国主要参与垂直国际分工。中国劳动力相对便宜，就出口劳动密集的中低档次产品；中国缺资金、缺技术，就进口资金、技术密集型产品。目前，中国进入以水平分工为主的全球化阶段。水平分工是指贸易各国生产同质、同水平的产品，出口水平相近的产品和服务，这也是当代全球化的主流。双方品质和技术相当，但外观设计、特定品质、规格、品种、商标、牌号或价格有所差异，从而产生了国际分工和相互交换，它反映了消费者多样化的偏好和竞争力的分工细化。

20世纪90年代初期，中国是典型的垂直分工。中国生产很多鞋帽出口，是纯粹的劳动密集型；进口很多高端电子产品，如模拟制式手机。中国给摩托罗拉生产零部件，生产这个行业低端的产品，而外国企业可以进行高端产品的出口。

现在，中国形成了参与水平分工的产业基础。中国的产品是世界一流的，出口盾构机，出口风电的叶片，出口高附加值冷轧薄板。中国的移动支付火遍全球，到哪里都能够使用支付宝和微信支付。中国和国外同类产品、同样架次、同时上市，外国人也买华为，国内不少人也用苹果，这是高质量产品之间的贸易，只不过消费者偏好有一点差别。

（二）从有偏向的开放转向中性的开放

长期以来，中国的开放政策倾向于鼓励出口、限制进口，鼓励资金流入、限制资金留出。外资企业和内资企业面对的政策条件各有优劣，特别是为了吸引外资企业，长期有很多优惠政策。总体上看，这种倾向性是由我国国情、发展阶段和产业竞争力所决定的，与国情是匹配的。

现在，各方面的条件和环境已经发生了很大变化，可以向中性开放体制转变，促进更有效地利用两个市场两种资源。第一，在进口和出口之间保持中性。中国通过出口扩大市场、获得规模经济和分工的益处，与通过进口引进土地、水、能源等各种短缺资源，提升国内产业技术水平，两者同等重要。第二，在吸引外资和对外投资之间保持中性。吸收外资带来的资金技术和管理经验，与对外投资带来的投资收益和当地生产优势等，两者同等重要。中国为什么要对外投资呢？当一个国家资金比较宽裕时，在国内配置的收益会下降，不如在缺乏资金的国家投资回报高。第三，在外资企业和内资企业之间保持中性。原来常说外资带来资本和技术，所以给予更多优惠。但现在国内企业同样优秀，公平竞争能筛选出竞争力较强的企业，促进整个产业提升效率和竞争力。

如果无法区别在两者之间哪种倾向更有利，就把它交给市场配置，这样至少可以提高资源的配置效率。

（三）从政策性开放转向制度性开放

过去 40 多年，针对不同时期、不同地区和不同行业，中国用不同的政策引导开放过程。从经济特区开始，然后是沿海地区、沿江地区、沿边地区、中西部地区、东部地区，最后是中部地区。在不同地区、不同行业用不同的政策实现逐步开放。

下一步，要推动规则、规制、管理、标准等制度型开放。要致力于制度型开放体制更加完善和相对定型。在制度设计过程中，既要立足国情，也要学习借鉴，形成稳定、可预期的制度型开放体制。

（四）新的挑战与风险

开放过程中面对过很多挑战，中国企业很伟大，中国的宏观调控也非常匹配，一步一步克服了困难和挑战。今后，中国还会面临新的挑战与风险，主要有如下几个问题。

第一，特定服务领域开放的风险问题。比如，金融业开放可能产生金融稳定问题，一定要管控好。又如，文化领域的对外开放涉及文化认同、社会舆情、意识形态等方面，不少国家对文化相关特定领域的开放有更严格的要求。

第二，服务全球化的抵制力量和利益平衡问题。无论母国还是所在国，抵制服务业全球化的力量均大于制造业全球化。服务全球化的进程中必然有起伏，将来中国的数字和网络相关服务业走向全球一定会碰到诸多问题，国内对服务业开放也会有不同声音。我们一定要理性解读、正确应对，不要碰到小的问题就拉到大的判断上去。

第三，对外投资中的风险问题。长期来看，中国未来对外投资会多于引进外资。国际环境中有许多不确定因素，对外投资的风险不可忽视。未来需要政府更多地在投资保护方面发挥积极作用。

五、小结

回望中国对外开放 70 年特别是最近 40 多年的历程，我对中国开放道路的独特性和规律性谈一点体会。

中国开放道路有鲜明的"中国特色"。中国从最早在沿海地区"三来一补"、生产劳动密集型商品，逐步从地域和行业一步步渐进式开放，这是理解"中国奇迹"的一个重点。我们同样要看到，中国开放道路也是独特性与规律性并存的过程。从规律性来看，理论推断应该出现的趋势和基础性变化都相继出现了。预测未来 5 年、10 年我们大概会怎样，是对最基本规律的理解。

因此，我们要全面理解中国开放道路的特点：立足国情和尊重规律相统一，竞争强度与产业承受力相匹配，改革与开放相互促进。

中国发展道路的
历史与逻辑①

武 力

中国社会科学院当代中国研究所副所长、研究员

---

① 此文系武力教授在"国情讲坛"第三十五讲的文字记录稿，2019 年 9 月
18 日。

一、深厚的历史渊源

如何看待中国传统的农业文明时代？可以从经济、政治、文化、社会这几个方面来分析。

第一，中国农业时代的经济发展。农业时代是自然经济和半自然经济，家庭农业和手工业相结合的小农经济。小生产以家庭为单位，有一个高度中央集权的大一统国家，一个稳定和强大的规模经济，才使一家一户得以进行生产。他们创造的财富往往通过某种形式集聚到国家手里，形成一个非常大的规模，并且促进整个经济的发展。

在鸦片战争之前，中国经济主要是两个方面。一个是农业生产，它是一种自然半自然经济，另一个是在家庭经济之外的小商品经济。小商品经济包括两个方面，第一个是大量的农业剩余通过税收的方式和地主经济的方式进入流通领域，明清时期已经形成全国性的市场，像长沙的米市，无锡的粮食市场，粮食在全国范围内流通。大量的南方粮食流通到北方，养活北方大量的军政人口。第二个是中国的商品经济虽然是一家一户，但随着农业养活的人口越来越多，提供的剩余越来越多，使小商品经济以手工业和工场手工业为主的发展越来越多，像纺织业也形成了全国性的纺织业市场。这样一种小商品生产使中国的经济和欧洲国家的农业文明相比有很大的不同，中国的农业单产在明清时期已经创造了世界的高峰，清代能养活的人口已经有 4 亿多，任何一个地方都没有这么密集和这么多的人口，而且它创造了庞大的城市经济。清朝省一级的城市人口都在 10 万以上，并且已经形成了一个城市网络。今天的省会城市和地级城市，绝大多数都是从明清时期延续下来的，县级城市的变化也不大，这反映出有足够的经济实力才能养活并且聚合这么多的人口。

高度发达的农业文明，在生产关系上也有很大的特点：生产资料和要素高度市场化。在农业文明时代，最重要的生产资料是土地和劳动力。土地是财富之母，中国从宋代以后土地已经高度市场化，流动性非常强，宋代就流传着一句话"千年田，八百主"，说 1000 年间土地可能已经更换了 800 个主人。此外，土地已经实现了所有权与使用权的分置，即所谓的"永佃制"，并且可以再转租出去，在明清时期甚至已经产生了"三权分置"，即所有权、租佃权、使用权可以分属不同的人，不仅可以继承、转租、抵押租佃权，而且各地具有明确的市场价格。今天的"三权分置"其实是有中华民族历史智慧在其中的。土地所有权和使用权可以分离，创造的财富可以共享。再就是劳动力的自由流动。一个是土地资源，一个是劳动力，在中国古代社会已经实现了高度的市场化。

第二，与经济基础相适应的上层建筑。经过秦统一以后 2000 多年的发展，中国的上层建筑呈现出与其他农业文明时代国家和地区不一样的两大特点。

第一个特点是中国实行中央集权下的郡县制，治理国家是通过郡县治理和科举选拔官吏的方式，用专业集团来治理国家，而且官吏不能继承，从秦朝开始郡县官员都是由国家政权层层任命的。封王、封侯的皇族和士族，可以享受经济利益，但在政治上是由国家实行郡县制下的统一治理。

第二个特点是与中央集权的郡县制相匹配的科举制。如何选拔任用官员，是经过长期探索的，科举制到隋朝才开始，之前选官员是靠举荐，如九品中正制就导致"上品无寒门，下品无士族"，国家治理实际上在贵族中世代传递。到隋朝以后则实行了科举制，社会阶层之间的流动性大大增强。虽然流动太频繁会导致社会的不稳定，但如果流动性合理适当，就会使社会具有活力，有才能的人就有机会上升到比较高的位置。家族第一代奋斗，第二代可能享福，第三代可能颓废。过去常说"君子之泽五世而斩""富不过三代"，是前人总结出来的大规律。科举制使下层贫寒子弟可以通过读书和学习专业知识上升到统治阶层，即"布衣可致卿相""朝为田舍郎，暮登天子堂"，避免了官员始终在贵族圈里传承，使那些像《红楼梦》里的贾宝玉那样"潦倒不通世务，愚顽怕读文章"的官二代、官三代不必参与国家治理。同时，由于有专业的官僚集团治理国家和一套制度制约皇帝，使皇帝即使疏于朝政或缺乏能力也没有太大关系，因为有官僚集团替他治理，中国治理国家的专业集团的流动性使它具有一定的能力。

第三，与上述生产方式和上层建筑相匹配和自洽的，是中国传统文化的一个特点，即形成以儒家思想为主导，同时融合道家、法家、佛教思想的多元文化，其主要特点是世俗性、包容性和变通性。与中世纪时期的基督教文化、伊斯兰教文化、印度教文化和其他国家的文化不同，中国绝大多数时间从来没有政教合一，不是靠宗教来治理而是靠儒家思想这种世俗的道德来治理。因为中国文化是世俗的，是多元文化的融合，所以其包容性和变通性比较强，这对于中华民族吸收先进文化和提高学习能力非常重要。它的核心是儒家思想：格物致知、修身齐家、治国平天下。这是中国知识分子追求的理想，也是人生的座右铭。毛泽东和鲁迅都说中国从来不缺乏仁人志士，不缺乏为国家献身的一批人。

现在常强调不忘初心从文化传承开始，这是中国经济、政治、文化高度自洽创造的中华文明，它在农业文明时代在世界上处于发展的高端。

但是，当全球资本主义扩张的时候，这种文明的发展和工业文明相比就落后了。首先是经济，靠土地索取，靠自然、靠人力和畜牧力创造的财富，和蒸汽机、机器创造的财富是完全不一样的。

在1840年之前，西方发达国家经历了第一次工业革命，19世纪后期又经历了第二次工业革命，中国文明就受到了非常大的冲击，中国曾经有一个非常辉煌、高度发达的农业文明时代，近代受到资本主义工业文明的冲击，中国明显地落后，落后就要挨打，就可能变为殖民地半殖民地。照当时的话，就可能"亡国灭种"，怎么办？所以中国发展道路的问题就提了出来。

二、近代危机

中国的传统农业文明高度发达，在资本主义工业文明冲击开始的时候，中国人很不以为然，像魏源、林则徐等人看到的只是西方发达的生产力，他们仍然认为中国在政治上和文化上是先进的。

从 1840 年到 1911 年辛亥革命，几次战争给中国人民留下了深刻的教训，使中国人认识到中国不只是生产力落后，制度、生产关系、文化都落后了。其中最大的刺激是甲午战争，中国被过去视为落后的"蕞尔小国"日本打败，这对中华民族来说是一个非常大的刺激，因为日本从隋唐时期就开始学习中国。日本是一个小国，通过 30 年明治维新学习西方之后打败中国，从而引发了中国的戊戌变法。改良派虽已认识到政治制度需要改变，此时清王朝的保守势力仍十分强大，所以戊戌变法还是以失败告终。1904 年在中国东北爆发的日俄战争，是俄国和日本在中国的国土上进行了一场对中国刺激非常大的战争，日本的胜利，似乎更进一步证明了日本改革的成功，进一步促进了中国人寻求真理、寻求中国富强。日本经过明治维新，学习西方工业化改革不仅打败了中国，而且打败了西方国家沙俄。1905 年以后，中国大部分留学生选择去日本学习日本的先进文化。

1840—1911 年，中国有两个特点：一方面，传统的政治、经济、文化高度自洽，使中国具有很大的惰性，加上满族统治汉族具有防范心理，所以中央政权基本上把持在保守的清朝贵族手中，总担心改革会削弱清朝贵族统治。另一方面，鸦片战争以后，中国自强不息的志士仁人和先进的知识分子在不断地探索和追求中华民族的独立富强道路。从发展的轨迹来看，是一步一步往前推进的，先学技术，"师夷长技以制夷"，"中学为体，西学为用"；再到改变制度，否定封建专制。这个过程反映了中华民族的先进知识分子首先要探寻一条解决中国问题的道路，这也是中国传统文化中的"变通性"在起作用，危机导致先进知识分子不会抱残守缺、受传统思想中那些不合时宜的落后因素的束缚。

孙中山发动了辛亥革命，辛亥革命是典型的全部照搬西方和学习西方的一个尝试，我们称之为资产阶级革命，但辛亥革命没有解决中国的问题。它虽然推翻了皇帝，但没有解决中国当时面临的最大问题：对外中国不独立，受帝国主义的侵略压迫；对内虽然没有皇帝，却出现军阀割据。

辛亥革命虽然名义上建立了中华民国，对外仍然不能独立，最典型的就是袁世凯签订《二十一条》和巴黎和会。国内则出现了军阀统治和武装割据。军阀混战导致社会更加黑暗，军队基本上受军阀个人控制，"兵随将叛"。政府失灵，社会腐败。在这种情况下，中国要发展并且解决问题，就需要先打倒列强，再打倒军阀，即"反帝反封建"。因为中国要想有一个和平的环境和稳定的社会发展条件，必须推翻帝国主义的侵略压迫和打倒军阀。从孙中山开始，出现了二次革命、护国战争、护法战争，国民会议运动，等等，目的是打倒军阀，但均未成功。要打倒军阀，就要有力量，但当时提出的各种各样的方案都找不到办法。资产阶级的软弱性和局限性，不能动员强大的革命力量、建立强大的武装。和平的议会斗争的方式，"三权分制"和选举的方式，以及"好人政府"的方式都行不通。中国在辛亥革命以后到五四运动前是最黑暗的时候，找不到一种力量来解决问题。

三、新中国从哪里来

毛泽东说，十月革命一声炮响，给中国送来了马克思列宁主义，使苦苦寻找救国救民真理的先进知识分子，找到了一条改变中国积贫积弱、任人欺凌状况的道路，那就是俄国革命所创造的社会主义革命道路。

当时中国的先进知识分子苦苦追求的中华民族复兴的道路都未能成功，十月革命确实提供了一条非常有效的革命道路。它可以归结为三条。

第一，找到了改造中国社会的力量，资产阶级软弱，地主阶级落后，又不能靠军阀去改造社会，只能靠人民大众。如何动员和组织人民群众，马克思列宁主义和十月革命提供了理论和社会改造的目标。

第二，找到了动员组织这个力量的领导者，即无产阶级政党，就是按照列宁主义政党原则建立起来的无产阶级政党。这个革命政党具有崇高的目标、党员具有牺牲精神，同时具有高度的组织性、纪律性，这是资产阶级政党不可能具有的。

第三，提出了一套完整的、先进的改造社会的理论和理想，这就是超越了资本主义社会制度的社会主义，这个社会主义是建立在资本主义现代化大生产基础之上的，而不是空想的和民粹主义的。

时过境迁，现在我们可能体会不到十月革命对中国先进知识分子的震撼，它的思想启蒙性质，可以说是醍醐灌顶、豁然开朗。

1917 年十月革命是在第一次世界大战的末尾爆发的，所以它对中国先进知识分子的教训非常深刻。如果辛亥革命给中国的先进知识分子的教训是资产阶级的那一套方案解决不了中国问题，那么第一次世界大战后西方出现的种种危机、动乱和战争无疑使中国的先进知识分子看到了资本主义也不是好的社会。孙中山提出"三民主义"和创立"五权宪法"的原因，就是他通过第一次世界大战看到西方资本主义创造的文明不是最理想的。虽然资本主义创造了先进的生产力，但也导致了生产过剩，两极分化非常严重，这也是导致第一次世界大战的原因。马克思列宁主义则提供了完全不同于资本主义社会制度的另一种社会制度，那就是没有剥削、压迫、战争，人民当家作主、共同富裕的社会主义社会。社会主义是建立在高度发达的生产力基础之上的，又非常公平，对内是公平的民主的，大家共享发展成果，没有剥削和压迫，对外是全球各民族的联合和合作，没有民族之间的压迫、侵略和奴役。这是十月革命传到中国后中国的先进知识分子找到的一个最有效的改革方法。它具有上述三点优势，可以使中华民族实现跨越式发展，即跨越资本主义这个"卡夫丁峡谷"。这对于正在沉沦的深渊中挣扎的中华民族来说，是最有效和先进的复兴道路。

新民主主义的成功为新中国奠定了一个基础，这使新中国成立以后，具备了一个非常有利的政治条件，就是中国共产党的领导。在当时环境下看，从全球的殖民地和半殖民地独立以后的国家来看，有一个强大有效的政党是一个国家发展非常有利的条件，而且中国共产党有三方面的优势：第一，我们党有一个非常清晰的、坚定的、完整的理论，今天说以人民为中心，当时说为人民服务。第二，我们党以高度的组织性和纪律性在治理国家中可以集中力量办大事。第三，我们党有高度的组织动员能力，这不仅是历史上没有的，而且其他国家也从来没有做到这一点。党的领导力和党的指示可以直接贯彻到乡村的家庭，通过工会、共青团、妇联等群团组织。这种高度的组织纪律性，使中国的发展具备了其他国家没有的非常大的政治优势。

四、20 世纪 50 年代选择计划经济和单一公有制的原因

新中国成立以后，第一个要解决的问题也是最大的问题就是工业化，迅速改变落后农业国的面貌，使贫穷落后的国家尽快通过工业化走向富强。政治问题得到解决，但经济落后是一个最突出的问题。

新中国成立初期，中国经济发展水平实际上处在一个落后的

"贫困陷阱"，农业不足以养活5亿人口，吃饭问题没有解决。但农业恢复非常快，到1952年已经达到了历史产量最高峰。也有统计数据表明，中国人均粮食占有量低，毛粮不到400斤，并且没有肉蛋奶可以替代。

经过土地改革，实现"耕者有其田"后，粮食增产了，商品率却下降了，因为农民吃饱了，还要家有余粮。旧中国实行地主土地所有制，地主可以将粮食转化为商品，农民是"糠菜半年粮"或"食不果腹"。土地改革以后农民首先要吃饱饭，在这种情况下，中国农业基本上没有剩余。粮食商品率由新中国成立前的30%左右降到20%左右，而且生产发展在短期内也没有提高产品商品率的趋势。1953年，中国开始实行第一个五年计划，进行大规模经济建设的时候，城市出现了粮食恐慌。在那种条件下，市场处于"失灵"状态，因为粮食的需求弹性很小，既没有替代，也不能延期消费，而且农业供给不可能增长很快，因此靠市场就不能有效调节，会导致城市经济不稳定甚至社会动荡。当时实行计划经济很重要的一个原因就是农产品供求出现市场调节"失灵"，因此在明确提出向社会主义过渡之前，就实行粮食统购统销，然后是棉花、油料统购统销。

当时中国是一个落后的农业大国，工业的主要原料、出口交换工业品以及居民的消费品主要是靠乡村和农业提供的，而农业处于一种战后恢复状态，不可能马上扩大供给。传统农业文明时代，农业从长期战乱中恢复到鼎盛，一般要50年到70年的时间。

新中国成立后，传统农业要恢复到提供足够的剩余支持国家工业化，不可能等 50 年到 70 年的时间。近代以来的教训、朝鲜战争的爆发和当时的国际环境，都使那一代人认为世界不可能给中华民族太长的和平发展时间，让新中国先发展农业，再发展轻工业，然后发展重工业。

朝鲜战争爆发前，当时提出的发展思路基本上是常规的工业化：土地改革之后恢复农业，城乡流通，农业恢复之后发展轻工业，轻工业建设周期短、投资收回快，有物质基础之后再大力发展重工业。朝鲜战争爆发以后，中国的国际环境更加严峻，国家安全放在第一位，美国阻碍中国的国家统一，毛泽东在 1949 年新中国成立前夕发表的《论人民民主专政》中提出我们需要外援，也希望其他国家来投资。新中国成立初期中国也一再表态，慎重对待外资企业。朝鲜战争爆发不仅加重了政治威胁，而且使中国利用外资的可能性也非常小，因为当时世界上真正资本过剩的是西方资本主义国家，而社会主义阵营的国家，要么是计划经济，要么是发展中国家，没有剩余的资本可供输出。当时经济体量最大并完成工业化的苏联，也是短缺经济，虽然对中国有援助，帮助也很大，但毕竟有限。当时中国社会动员能力很强，但经济上的剩余非常少，依靠外部的力量也非常困难，工业化唯一的优势就是政府这只"看得见的手"。

由于中国的国际环境非常严峻，而国内的积累又非常有限，所以工业化的发展、工业资金的积累就主要取决于内部。中国的民主革命是靠农民的支持才成功的，中国的工业化也要靠农民。

第二个要解决的问题是如何把有限的剩余集中到中央政府手中，并优先发展重工业，解决国家安全问题。任何一个政党和政府，都要解决社会发展面临的最紧迫的问题。新中国刚成立，还是一个农业国，又遭遇了朝鲜战争，国家安全成为最重要最紧迫的问题，而国防工业是建立在重工业基础之上的，所以优先快速发展重工业就是要解决国家安全问题。很明显，保证中国国家安全的前提是优先快速发展非常薄弱的重工业，没有独立完整的工业体系，就没有中国的国家安全和大国地位。

中国在没有剩余和积累非常困难的情况下要优先快速发展投资大、建设周期长、配套基础设施要求高的重工业，就出现了资金从哪来的问题。这是 20 世纪 50 年代中国选择计划经济和社会主义改造的一个重要原因。

首先分析社会主义改造。现在很多人说当年的社会主义改造和计划经济是教条式学习苏联，其实不然。以毛泽东同志为代表的第一代中央领导集体都是实事求是派，中国革命就是靠实事求是成功的，走农村包围城市的道路，而不是照搬苏联的方式。中国实行统一战线，政权是各革命阶级联合的人民民主专政。经济上，新民主主义社会，要利用资本主义工商业；要市场调节与计划管理相结合；多种经济成分在国营经济领导下分工合作、各得其所；要实行公私兼顾、劳资两利政策。

新民主主义经济体制下的均衡发展，以个体农业为主的分散的有限的资源无法集中使用。农村一家一户分散的家庭经济，使政府提取剩余非常困难，成本太高。土地改革以后，当时农村的基层干部迅速上升为农村的富裕阶层，采取收税的方式首先影响他们的利益，使他们没有积极性帮助政府将农业剩余集中到国家手中。城市同样如此，在私营经济为主的体制下，靠市场和税收的方式也不能使工业利润有效集中到国家手里。而且在人均资源短缺、温饱问题尚未解决的条件下，私有制和市场经济必然会导致贫富分化，那时的贫富分化和现在的贫富分化完全不同，那时是绝对贫困，现在是相对贫困。那时政府无力救助，由于劳动力价格非常低，就业者也还没有完全解决温饱问题，政府无法为失业者解决温饱问题。现在则完全不同了，政府完全可以通过二次分配来为失业者或失去劳动能力的人提供最低社会保障。

可以说，在那个以传统农业为主、人均资源匮乏、温饱问题尚未解决、农村存在大量隐性失业人口的时期，依靠市场机制很难短期内跳出"贫困陷阱"，甚至会因贫富分化导致社会动荡。

当然，实现社会主义工业化，理论上的认识和苏联的经验也起到了一定的作用。从马克思主义基本原理出发，认为中国既然实行公有制，没有剥削和不平等，资源包括劳动力更能优化配置，人民群众更应该发挥出生产的积极性和创造性，应该能够提高生产效率，这是社会主义的优越性所在。农村实行公有制后，土地可以大规模集中耕种经营和推广利用先进技术，剩余劳动力可以解放出来从事非农产业，加快农业这个"拖工业化后腿"产业的发展。同时避免了失业和贫富分化，实现共同富裕。当时农业社会主义改造就是这样宣传的。当然，这样做主要还是为工业化提供供给保障和有效提取剩余。1953 年以后的社会主义工业化，三大改造是两翼，工业化是主体，三大改造是为了工业化能"飞"起来。

另外，苏联在第二次世界大战之前通过优先快速发展重工业的社会主义工业化，也确实在很短的时间内改变了工业结构，实现了工业化，为在第二次世界大战中取得胜利并跃居世界第二大强国奠定了基础。苏联实行社会主义工业化有三个理论支撑：一是国际环境和战争威胁使苏联不可能走传统的先发展轻工业、慢慢工业化的道路；二是苏联的工业化只能靠内部积累资金完成，即所谓的"社会主义原始积累"；三是列宁提出的"生产资料优先增长"理论。

中国在那么落后的条件下，如果不把有限的资金集中在国家手里，就无法实现工业化。计划经济解决了有限资金的集中化，把它优先用于发展重工业，在 20 世纪 50 年代那种发展水平和条件下快速建立完整的工业体系，解决国家安全问题。

到 20 世纪 70 年代，中国拥有了"两弹一星"和核潜艇，国家安全问题得到解决，工业体系也相对完成，因此计划经济和单一公有制的弊端就暴露无遗。

应该说，计划经济和单一公有制具有自身不可克服的局限性和弊端。

下面先分析两个历史局限。1956 年社会主义改造完成，基本上建立了单一公有制基础上的计划经济。计划经济确实充分发挥了中国人的艰苦奋斗和人力资源丰富的优势，在建立独立工业体系、保证国家安全的国防工业方面都发挥了作用，解决了国家安全问题。但它有两个不可克服的弊端。

第一，从宏观经济来看，单一公有制下的计划经济基本上是指令性计划，这种计划管理很难做到准确、及时、灵活。当时中国还是以传统落后的农业经济为主，80% 以上的人口分散居住在广大乡村，农业不仅是"靠天吃饭"，而且生产的社会化程度很低，人口文化水平很低。有几句顺口溜形容农村，"耕地基本靠牛，点灯基本靠油，交通基本靠走，通讯基本靠吼"。实行计划管理，连准确的统计数据都很难及时获得。1952 年中国产业结构中，农业占 50%，工业占 20%，第三产业占 28% 左右。但工业既不是大工业，也不是信息化，80% 以上都是小工厂。在农业"靠天吃饭"、工业落后、交通信息不发达的条件下，很难作出准确、及时的计划。

第二，从微观经济来看，计划经济缺乏调动人民群众积极性的激励机制和应对变化的灵活性。实行单一公有制的最根本原因是能够保证国家实行高积累政策下的社会稳定。换句话说，就是既有利于剩余的提取，又能够保证社会的稳定，特别是针对温饱问题还没有解决的广大农民。"统购统销"和集体化，特别是"政社合一"的人民公社化以后，农业的分配机制发生了根本性的改变。在此之前，农业产品的分配是国家通过农业税定额提取，剩下的都归农民，农民决定多少自己直接消费，多少通过市场进行交换，自主权在农民手中。"统购统销"和集体化以后，农产品的分配则变成国家规定农民留多少口粮、生产队留多少生产用粮和积累，剩下的除了缴纳固定的农业税外，都必须卖给国家，而出售价格是由国家规定的。因此，农民不仅没有了积极性，也没有从事其他生产的资金，"以粮为纲，全面发展"只能是一句空话。1978 年以后的农村改革，恰恰就是从根本上改变了这种分配制度，即农民说的："大包干"就是好，交够国家的，留够集体的，剩下都是自己的。

单一公有制还限制了其他产业的发展。在农村和城市都如此。在农村是非农产业和家庭副业（中国传统农业因人均耕地有限，家庭兼业非常普遍）；在城市则是劳动密集型产业和第三产业。个体经济和市场机制对公有制经济的冲击非常大，20 世纪 60 年代初农业中行之有效的"包产到户"被制止了，自由市场，特别是长途贩运被严格限制。所以，实行单一公有制和计划经济，限制了各种各样的人发挥自己的能力和潜力。在这种条件下，为了集中有限的资源优先快速发展重工业，农村的多种经营和城市的个体经济发展都受到影响，活力不足。

在单一公有制下，公有制企业的经营管理并没有达到预期的目标。由于企业外部社会化水平和内部的科学管理水平都很低，又缺乏市场约束，难以判断优劣，实行优胜劣汰。因此，企业的经营管理职能围绕政府这个"指挥棒"转，于是"会哭的孩子有奶吃""鞭打快牛""一统就死、一放就乱"等现象层出不穷。靠政府的指令性计划来管理经济，就有一个计划的准确性、科学性、及时性和灵活性的问题。这四点做不到，计划管理在微观上就很难发挥它的优越性。如前所述，当时国营企业进行清产核资尚且很困难，很多企业反映无法实行，企业流动资金的管理能力也比较弱，更遑论制订合理的生产定额和产品价格了，更不用说有效应对供销双方的变化了，只能被动地听从上级部门安排。

其实，从 1956 年社会主义改造基本完成和市场机制式微后，加上苏联暴露出的其经济体制的弊病，中国共产党就开始探索改革。一个是宏观计划管理问题，毛泽东的《论十大关系》讲到他从苏联看到了这一点并且想解决这个问题；一个就是微观经济中激励机制不足的问题。农村管理规划出现问题，合作社在成立的时候就出现了普遍缺乏合格会计的问题。所以在合作化高潮实现以后，最突出的问题就是合作社的经营管理跟不上，导致 1957 年春出现很多社员"拉牛退社"，想重新回到家庭经营。政府则采取了以"民主管理"为核心的"整社"，当整社不能解决问题后，就采取了社会主义教育运动。究竟如何解决经营管理不善问题？怎样实现真正的民主管理？我们党采用经济手段不能奏效，又不让农民用"脚投票"的方式退出集体经济时，矛盾就会越积越深。因此，最终采取政治运动的方式，并随着这种方式的效率递减不断加码，最终必然会越来越升级，提高到阶级斗争和两条道路斗争的程度。其实在单一公有制下，农村恰恰没有真正意义上的阶级和阶级斗争。

进行社会主义教育运动，最后又走上政治运动这条道路来解决经济问题，正是改革开放前计划经济和单一公有制发展上的历史与逻辑高度统一的结果。计划经济和单一公有制保证了国家优先发展重工业，建立了保证国家安全的国防工业，这两个20世纪五六十年代最紧迫的任务得以解决。当两个任务完成并且国际环境缓和，这个经济体制就失去了继续存在的合理性，这时候探索和实践也就能够向前跨出一大步。

计划经济和公有制经济能够保证前面两个任务完成，所以要维持并且提高效率。但1978年以后，这个经济体制维持不下去了。这是解放思想后新的飞跃，就是形成了中国特色社会主义，这个特色，就是中国的社会主义不必是单一公有制或计划经济。

这个飞跃是建立在当时的历史条件下，由当时的历史任务决定的。其实毛泽东1956年已经总结了经验，所以对它的认识要在当时的历史条件下审视，要"走进历史"，而不是用今天的眼光苛求前人。"走进历史"才能准确理解认识历史，才能真正总结经验，才能知道社会的变化。没有一成不变的东西，一切事情都是根据当时的需要来做的。

中国共产党继承了中华民族的变通和实事求是的思想，她为中华民族伟大复兴而奋斗的意志和目标从来没有变，但每个阶段的任务和方法则是可以也应该根据需要变化的，新民主主义革命时期如此，社会主义革命和建设时期如此，改革开放以来也是如此。时代变了，任务变了，条件变了，方法和手段也必然会发生变化。不故步自封、抱残守缺，这是中国传统文化的主流。

五、中国为什么要改革开放？改革开放是怎么开始的？

改革开放前 30 年，中国是在一个经济发展条件非常不利的情况下发展起来的，资金非常短缺，外部环境受到了国家安全的压力以及走向世界、吸引外资和发挥比较优势的限制。所以新中国的前 30 年，中国主要的任务是解决国家安全问题，突破贫困的陷阱，快速工业化，建立一个独立的工业体系。

改革开放的条件和危机，并不是在新中国最好的时期产生的，而是在"文化大革命"刚刚结束的困难条件下产生的，重点是对"文化大革命"的错误进行反思的条件下产生的。

改革开放前 30 年，中国虽然创造了很多财富，但大量的财富、大量创造的新经济产量都用于进一步发展工业，大量的资金、大量的剩余用于继续扩大工业生产，而没有用于老百姓的消费。

改革开放前 30 年，中国靠的是艰苦奋斗，勒紧裤腰带。那一代人刚刚从旧中国过来，他们经历过旧中国的苦难和灾难，人身没有安全，社会没有保障，他们对新中国抱有热切的希望。

改革开放以来，最早开眼看世界的是邓小平。邓小平访问日本以后，又访问了新加坡，回来出席了相关会议，发表了重要讲话。有人在 20 年后回忆当时的出访，还是激动不已，说自己受的刺激非常大，总以为中国是世界强国，总认为资本主义腐朽没落，可走出国门一看，完全不是那么回事。因此，中国的发展要加快。

改革开放就是在这种背景下起步的，从上到下都强烈和迫切地感到需要改变中国的面貌，所以在这种动力之下，任何的思想束缚，任何不利于改革发展的体制都阻挡不了。

六、中国是怎样进入新时期的？新时期改革开放的目标和任务是什么？

一是恢复高考。邓小平1977年7月恢复工作后，分管科技和教育，8月就召开科技教育座谈会，讨论恢复高考的问题。邓小平强调：要下决心恢复高等学校入学考试，不要再搞群众推荐。当年，高考制度恢复。通过考试录取大学生和培养人才，不再用推荐的方式上大学，今天看来好像很平常，其实当时非常不容易。

二是召开全国科学大会。邓小平在开幕式上发表重要讲话，他讲的两点是非常关键的：第一点，科技是第一生产力。第二点，知识分子是工人阶级的重要组成部分。因此，1977年和1978年，知识分子的积极性被极大地调动起来，全社会兴起了学习之风、科技之风，很多人都要学习科学，只要有机会都会去上学。

邓小平南方谈话确定了中国改革发展的目标是市场经济，由于市场经济改革目标的确定，使市场在经济方面发挥主导作用。经历了20世纪80年代的改革开放，中国积累了第一桶金，这为市场经济改革提供了非常有利的条件，使农村、农民、企业和私营企业发展都有了最初的资本积累，也为国有企业改革提供了基本保障。

国有企业改革进展不是特别大，1996年和1997年，国有企业出现了全行业亏损，这是1997年以后加快改革发展的重要原因。

亚洲金融危机促进了中国进一步改革，国企全行业亏损，面临经济转型，所以在1997年和1998年，中国由卖方市场转向买方市场，对产业结构升级提出了要求，这时的主要问题不是吃穿，而是转向消费升级。最突出的就是住房，从1997年以后中国要扩大内需，要找它的出口。这时的消费主要以城市为主，比如，房地产的需求就是生产资料的生产，需要水泥、钢材、玻璃等。因此，1999年加大了住房改革力度，是符合当时发展的客观要求的。

从1997年开始探索产业结构升级，中国走了两条路：第一条路是配合消费升级，开发房地产和汽车两大支柱行业。第二条路是围绕产业结构升级，满足相关行业的需求。这实际上又回到列宁所说的生产资料的优先增长能拉动经济的快速增长。

七、新中国成立70年来，我们有哪些历史经验值得吸取和思考

我们从经济发展、道路选择和不同阶段产业的发展，来看中

国今天的发展有哪些经验值得我们关注。

一是与时俱进。中国的思想是一种变通的发展思想，从毛泽东开始就是这样的。所以毛泽东很重视哲学，他在延安时期就强调学哲学，这是中国一直不保守、不僵化的重要原因。

二是包容。实际上从毛泽东时代已经把包容思想上升到哲学层次，毛泽东反复强调对立统一、一分为二。后来我们把计划和市场融合到一起，把公有制和私有制融合在一起，是可以劳资两利的，都可以用包容思想来解释。

从鸦片战争到 1949 年，中国一直没有学会怎么处理国际关系。新中国成立以后，我们用了 70 年的时间，学会了怎么处理国际关系，怎么处理同外部世界的关系。今天，中国提出的合作共赢、"一带一路"倡议，都反映了中国能够比较好地处理同外部世界的关系。

传统农民挽救现代化
（1950—1980 年）
——土地改革的宏观效应①

温铁军

中国人民大学学术委员会副主任

本文是我的团队一段时期以来共同研究的成果。

我们来看 1950—1980 年这一时期中国城乡二元结构体制之下，农村的制度变革如何为城市发生的危机形成软着陆的载体。

一、思想解放

生态文明转型需要解构西方中心主义现代化，它的理论依据是埃及思想家萨米尔·阿明的理论。

（一）生态文明内涵的多元论与发展理论

阿明是第三世界"依附理论"的提出人，也是欧洲中心主义的批判者。对这个问题的认识，我们现在国内的知识体系基本上还没有达到阿明的水平。阿明是埃及人，埃及靠近欧洲，也许恰恰因为北非靠近欧洲，加之他长期在欧洲生活，所以他对于欧洲中心主义的文化浸淫有着相当深刻的感受。而我们东亚与欧洲远隔高山大海，东亚模式是一个漫长的几千年传承的文明，它似乎还没有感受到欧洲中心主义那种过于强烈的影响，所以我们跟阿明的感受有一些差别。

从 20 世纪 90 年代以来中国开始加速融入全球化的步伐。我们越来越多地感受到中国现有的知识体系、思想体系很难避免受到欧洲中心主义的影响。我之所以要引用阿明的理论，很大程度上是因为他提出了"去欧洲中心主义"的思想体系。

中国在 21 世纪的重大转型，是从原来的工业化时代向生态化时代转型。今天的很多安排都和生态文明转型有关。如果大家接受了生态文明，就不应该再用过去工业化时代的思维方式以及价值观来看待人类的多样性。比如，有人跑到非洲，看到人们在部落状态下如何生存，衣服穿得少，吃得也不好，就说人家落后。其实人类在不同的自然资源地理环境条件下生存所表现的社会文化，乃至不同部落生存方式的多样性是一种客观存在。没有必要非得说谁先进谁落后。

因此，引述阿明"去欧洲中心主义"的思想，其实就是要去除"欧洲中心主义"一个重要的影响：要把欧洲人所形成的历史、思想，以及西方形成的所谓人文社会体系等，当成一种对人类有普遍意义的普世价值。如果不按照这一套来，似乎就是落后的。

当我们强调生态文明的时候，希望不必再用过去工业化时代的要求，一定要把一切都标准化。同理，当我们讲教育的时候，教育是使人力资源变成人力资本的工具。当把教育变成工具的时候，怎么能够让大学教育跟社会生态结合？社会是多样的，而大学教育也好，中学教育也好，它只是一个把教育当作工具、被制式化教材强制性传播的知识体系，目的是把人原来具有的、与生俱来的多样性都消磨掉，变成一个标准化的人力资本。之所以全国都要用制式教育，是因为统一的、标准化的知识体系才便于考试。

从这个角度来看，生态文明转型要求我们的教育也深化改革。从现实建立问题意识，从实践入手，去了解人类社会文化生存方式的多样性，来充实我们的知识，形成对教育改革的基本材料。这些事情我们这一代人在做，希望下一代，尤其是年轻人要理解，我们是如何努力地改变过去习惯于为工业化服务的那一套标准化知识体系、制式教育体系，乃至追求唯一科学真理的一元论思想理论体系。当我们说到思想解放的时候，是中国生态文明转型要求解构西方中心主义的现代化体系。

（二）乡村建设：中国百年"去依附"的另类努力

中国在追求工业化的一百年过程中，有很多国内的重量级的思想家没有在制式教育体系中被引入。2017 年 12 月，习近平总书记在中央农村工作会议上讲乡村振兴的时候，特意讲到了中华民国年间搞乡村建设的前辈，提到了梁漱溟、晏阳初等人，现在的研究则把张謇等"毕生秉持村落主义"的前辈也纳进来，毛泽东也肯定过张謇、卢作孚等社会企业家。

中国追求工业化的历史，一直有不同于西方中心主义的思想家，他们的思想成果是非常丰硕的。1895 年中国因甲午战争战败，向日本赔款大约 2 亿两白银，如病入膏肓的骆驼被压上最后一根稻草。在这种情况下，张謇作为清末政治中的清流，秉持"村落主义"开始了南通试验区建设。"村落主义"意味着村落社区的多样化。秉持"村落主义"推进的南通试验区可以称作"地方化"，今天叫 localization。那么，当年张謇做的是什么呢？是"大生集团"，可以叫作早期社会企业，今天叫 Social Enterprise。

这些当代概念，早在中国 100 多年前进入工业化，特别是民营经济开始兴起的时候，就是实业救国论，和教科书讲的追求个人利益最大化是完全不一样的。中国企业家追求实业报国，当年的知识分子讲的是科技救国、教育救国。那个时候，在救国思想之下仁人志士艰苦努力，从事各种不同的事业。其中，张謇就是抱定"村落主义"的本地化在努力，由他开始使用本地的资源做了产业开发，产生的收益全部用于本地的社会文化建设。张謇一生中办了 100 多所学校，还办了敬老院、残疾人院、孤儿院，使鳏寡孤独皆有所养，举办残疾人教育、妇女教育，甚至兴办图书馆、博物馆、公园、体育馆等，也就是大生集团的"在地化"发展，形成了当时世界还没有出现过的典型。

这就是张謇作为一个清流知识分子，以"村落主义"农村的综合性发展为目的，最后形成的是一个带动地方综合性发展的经验，这个经验一直延续了 30 年，从 1896 年一直延续到 1926 年。其间，四川的卢作孚两次到南通参观学习，1926 年（张謇去世那年），卢作孚创办的民生公司开业，同样是一个"在地化"的综合发展的社会企业集团。卢作孚接着张謇的事业，继续推动中国民营经济"在地化"的综合发展。

由此可以看出，中国实业界早期的社会企业家，追求的是综合性在地化的发展，而不是个人收益最大化、企业利润最大化。当世界在 21 世纪遭遇一系列危机之后，西方的大企业集团开始强调创办企业的目的不是追求利润，而是追求人类社会的可持续发展，追求人与资源的和谐，追求企业所在国的综合性发展。当它们把这些都作为企业的主要目标说完之后，最后才说为了实现这些目标我们要追求收益。西方企业创办动机已经发生根本改变的时候，人们开始讲最低层次是企业的社会责任，相对比较高层次的叫作社会企业。而当世界级的大企业集团都开始转为社会企业的时候，我们还停留在把个人利益最大化作为唯一目标上，停留在这样的意识形态化的宣传上。所以就导致经济领域中很多政策落后了。

在中国追求工业化的过程中，有相当一批仁人志士下乡。我们今天继续坚持下乡，我也有从农村来的朋友，我们是在我下乡时认识的，还有很多志愿者，也是跟我们一起经常下乡的。我们这些做法并不是今天才有的。中国的现代化知识体系从开始形成时起，就有相当多的知识分子自觉下乡去跟农民结合，去搞"三农"研究，推动乡村建设、乡村发展。其中比较著名的，是当年第一次世界大战之后的大海归晏阳初，还有大家都知道的著名教育家陶行知，这两个人都是美国海归。回来后，他们坚持搞乡村教育，搞平民教育。国内的知识分子像梁漱溟，也是当时举家下乡的知识分子，我们有一大批这样的学者下乡开展各种各样的乡村建设活动。

前辈们所开创的乡村建设被后辈继承并进一步发扬。我们最近已经接近完成对一百多年来中国激进的工业化、城市化的发展的历史分析，形成了对百年来的乡村建设历史的系统认识。应该说这些是讲好中国故事的基础。因为到现在为止，恐怕世人知道的只是中国的激进主义的发展过程，很少有人知道中国有很多仁人志士是下乡去基层、是自觉地和农民结合的，是在开展"三农"领域的工作，他们对中国长期可持续发展作出了不可磨灭的贡献。

到现在，中国仍然有着面广量大的乡村建设活动。

（三）比较研究：**资本主义农业异质性及不同制度经验**

资本主义农业在这个世界本来是三分天下，但被我们的教科书当作模板来推崇的只是其中之一，叫作大农场农业。但大农场、大种植园这种农业一产化形式，只在殖民地条件下才存在。以美国为首的世界上的大农场农业，大都不承认原住民土地财产权益，并且是在原住民人口减少的条件下才能实现所谓大规模的农场经济，因此农业单位叫作农场，农业经营主体是农场主。

按照经济学教科书给出的理论逻辑，很多人认为，如果农民都进城了，土地私有化了，再通过交易市场化，就能够产生大农场。我认为，土地私有化产生不了大农场。那农业现代化还能不能实现呢？农业现代化照样实现，如日本、韩国、中国台湾。现在的日本基本上是 30 亩地一辆拖拉机。日本农户平均土地规模 2 公顷，30 亩地。韩国也差不多，平均规模两三公顷。可它们为什么没有实现美国、加拿大、澳大利亚那种大农场呢？因为国情不同。

由此我想到习近平新时代中国特色社会主义思想里讲的最重要的"新三农"。习近平总书记讲的是什么道理？小农经济长期化。这叫作国情理论。他强调小农经济将长期存在，即使我们的城镇化真的达到了 70%，仍然会有 4 亿—5 亿农民生活在农村。因此，我们是不可能消灭小农经济的。

由这个国情意识派生出的第二个重要的思想就是战略性判断，叫作"城市化与逆城市化相辅相成"。中国城镇化要加快，但如果城镇化是以牺牲乡村、乡村衰败为代价的，就得逆城镇化了。所以城镇化和逆城镇化应该是相辅相成的，这叫作战略判断。

第三个重要思想是党的十九大提出的乡村振兴战略，乡村振兴承载的生态文明内涵的多样化是不可能在城市实现的。生态文明强调自然界的多样性，与乡村十里不同风的多样化生活有机结合，乡村成为生态文明的基础。这种自然多样性和人类社会文化的多样性有机结合才称为生态文明，它恰恰是在作物多样性被地理资源条件的多样性所决定的农村才存在。所以，乡村振兴是我们贯彻生态文明转型的基础性战略。因此，习近平总书记关于战略转型的城镇化、逆城镇化的辩证关系论述来看，乡村振兴是中国 21 世纪内涵最丰富的领域。

接着看我们刚才讲到的世界农业三大类。美国、加拿大、澳大利亚这种大农场模式，不适合东亚社会。中国不适合日本、韩国等周边实现工业化的国家和地区，也不适合搞大农场农业。

我们再进一步看欧洲国家，它们适合大农场方式吗？不。欧洲国家到现在为止仍然是中小农场为主，实现的是绿色主义导向下的多功能农业。它们早在 20 世纪八九十年代就开始调整农业政策。随着 20 世纪 70 年代的欧洲低端产业向外转移，大量的城市下层和失业者纷纷下乡，所以欧洲的农业现在变成了小市民为主的农业，欧洲的农场 60% 以上是市民在经营。市民作为经济主体的农业，当然不是以追求农业产出最大化为主要目标，而是多功能的综合性的农业。于是，欧盟农业 20 世纪七八十年代发生的转型就变成小农场的市民化经营的多功能农业。这是欧洲 20 世纪 90 年代提出共同农业政策的前提条件。

所以我们看世界农业三大类，大农场只在殖民地条件下才有，欧洲小农场是市民化的。接着就是东亚小农村社经济。小农经济一般都靠村社为载体的综合农协，才能维持农民的基本生存，而不是靠单个的农户。

我们的近邻，日本、韩国都是以农会制度，以综合性的农民合作社来维持农业的长期发展。鉴于此，习近平总书记在强调了国情论、战略转型之后，提出建设"新型集体经济"，通过综合性的合作社来使农民有进入现代化的路径。据此，小农经济跟现代化结合的路径主要是综合性合作社。从这个角度来看，中国的发展路径是很清楚的。

总之，以上三种不同的发展方式的条件差异显著，客观上都不能互相照搬；这对我们来说是有一定的借鉴意义的。

接下来看印度，跟中国一样都是发展中的人口大国。印度到现在为止仍然没有实现工业化，原因很复杂。很多人去印度投资，说印度是一个 12.6 亿人口的大市场，很快会赶上中国的人口，因此一定要去投资。但是，印度有 92% 的人口生活在灰色地带，只有 8% 的人口是按照西方制度维持的所谓城市存在。所以有的企业进入印度以后亏了，亏在不了解印度的国情。印度的农村制度长期维持的是土地私有化。印度的国父甘地曾经试图推进土地改革，但实际影响力很小。印度至今仍是一个土地私有制的国家，越是低种姓群体越是没地，所以低种姓跟无地几乎是同一化的。印度有 30% 多的无地农民，农村的贫困率在很多地方高达 50% 以上，随之出现的就是农民抗争。

再看拉美化陷阱。拉美的大规模农业是被跨国公司占有的。跨国公司是为国际市场服务的，最终获益取决于虚拟市场中的多空交易。因此，跨国公司不为拉美各国提供农产品，于是拉美国家老百姓的衣食住行靠进口。它的劳动力的基础价格因为进口商品的价格高，而不可能形成劳动力密集型产业，这个道理在非洲也是一样。所以有人到非洲，认为应该接受劳动力密集型产业的时候，这是缺乏对非洲的基本了解。非洲的生活必需品价格非常高，因为从欧洲转运而来，也因此无法进入工业化的门槛。

这一点在拉美、非洲基本上是一样的。这些国家大量的小农经济被跨国公司击垮，土地被大农场主占有之后，小农被迫进入城市变成贫民，往往又被黑社会控制。因此，这些国家很难实现真正意义上的国家安全。

二、再依附

（一）金融全球化阶段国家竞争的微笑曲线

拉美陷阱很大程度上是大规模的农业不为本国服务，因为是被跨国公司控制的。当中国把农业完全对外开放的时候要注意这种"再依附"的风险。

在金融全球化阶段，国家竞争是由一个明显的微笑曲线（见图1）决定的。它是指在金融资本阶段，可以全球通吃的是金融资本的核心国家。凡是和金融资本对立的国家都属于维护资源主权的国家。在左侧这一端，资源主权国家因为拥有资源主权，所以可以搭金融资本对外扩张的便车。这个微笑曲线之中，制造业国家在最下端。如果中国不能加强乡村建设和社会建设，制造业

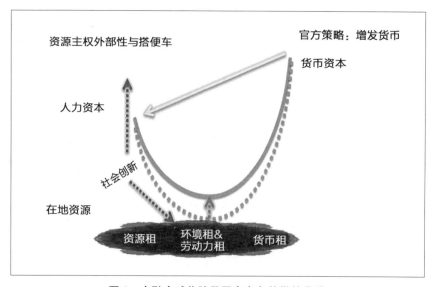

图1 金融全球化阶段国家竞争的微笑曲线

在挤压之下是没有利润的。沿海相当多的加工贸易型工业企业，其实吃的是社会租，就是劳动力该给的没给；或者吃的环境租，环境成本该付的也没付。所以现在的环境问题越来越严重，社会问题越来越严重。这是 20 世纪 90 年代以后的发展方式造成的，我们把它叫作激进的发展主义。

世界范围内的国家竞争中中国尚处在微笑曲线的低端，因为产生的利润过低，所以进入产业升级、带动科研投入等方面都不足，这也是中国的劣势，有必要进一步调整。

21 世纪第一个 10 年，自 2001 年美国发生双重危机以来产业资本对中国输出高增长。但 2007—2008 年美国金融危机爆发，2009 年全球需求下降，2010 年欧债危机爆发，西方金融资本巨大制度成本对外转嫁造成第二个 10 年中国发生输入型危机。

美国 2001 年发生了"9·11 事件"，这是政治危机，同年发生的新经济危机，也叫 IT 泡沫崩溃。政治危机、经济危机同时发生，导致 2002 年美国的产业资本纷纷外流。资本外流主要是找到基础设施相对较好而且要素价格比较低的国家，中国于 20 世纪 90 年代后期大规模推进基本建设，所以外资滚滚流进中国。中国 2003 年成为国际直接投资第一的国家，超过美国。原来美国一直是国际直接投资第一的国家，也就是说从 2003 年开始中国成为外商投资第一的国家，也造成中国产业的 2/3 由外资控制。

大量的外资产业涌入之后，中国变成了世界制造业最大的国家。在外资进入中国带动工业化高增长的过程中，在中国仍然有货币主权的条件下，任何外资进入都因外汇增加造成人民币的对冲增发。所以，中国迅速从一个资本短缺的国家，在短短十年内变成一个资本严重过剩的国家。中国现在的货币增量是美、日两国的总和。中国是货币增发量增长最快的国家，主要原因是外汇滚滚流入。外国的产业流入，造成了出口大量增加，出口增加导致外汇收入增加，正赶上人民币因双顺差而不断增值，外汇都要换成人民币，占有汇率升值的利润空间，导致中国对冲外汇增发的数量占全部货币增量的 2/3 以上。

（二）中国为什么要增发货币？增发大量货币为什么没有造成通货膨胀？

客观上，中国对应经济增长的需求而正常地增发货币。美国增发货币可以向外输出，因为美元是世界结算货币，也是世界储备货币，各国都在吸纳美元。实际上美国增发货币所造成的通胀压力被释放到世界范围了。因此，美国有条件大规模增发货币却不发生通胀。

中国不能向外输出通胀，但为什么大量增发货币也没有发生通胀？中国现在的通胀率在 3% 以下。这是因为 21 世纪 10 年代，一是与 20 世纪 50 年代类似，农民以资源性资产——土地，大量吸纳了国家发行的增量货币。二是近年房地产业的价格虚涨。2010 年以来大规模增发的货币流进房地产市场。

从这个角度说，土地问题是宏观问题。土地成为吸纳过量增发货币的蓄水池，导致国家农业政策的失效。由于大量的土地被房地产市场开发所占用，导致土地作为要素的价格不再是以农业的第一产业投入产出来决定，而变成"外部定价"。而土地作为最基础的生产资料被外部定价，农业就不景气。我国农业遭遇的是外部性矛盾，难以被农业部门的政策化解。

对此，我 20 世纪 90 年代中期发表的文章就提出"农业是问题，但不是农业的问题"。此后我强调中国最主要的是"三农"问题，而"三农"在经济基础领域主要是三要素长期净流出造成农村经济衰败和小农破产的问题。

把这个道理说清楚，大家就知道本币大量增发却不发生通胀也许是一件好事，但客观上并不意味着没有形成通货膨胀的基础。从图上看，货币增发的同时，中国实际上遇到的是外部需求大幅度下降导致生产过剩，实体经济不景气。并且，在生产过剩条件下，资金一定会离开实体经济进入虚拟经济，"脱实向虚"是基本规律，谁都挡不住。

大量资金离开实体经济先进入的是股市，接着发生股灾。股市打掉了一批过量增发的泡沫，接着资金进入房地产市场，所以房价在 2016 年高起，2017 年仍然维持在高处，2018 年秋开始回落，2018 年冬到 2019 年春夏之交有一个比较明显的变化，就是房地产价格虚增的那一部分可能会被渐次挤出。

总体来说，金融资本阶段货币大量增发，其实是一个普遍的现象，美国、欧盟、日本如此，中国也如此。

但是，中国的货币增发某种程度上带有被动性，大量的外汇流入使中国被动地对冲外储、增发货币，从量变到质变改变了中国主权货币的内涵。也就是某种程度上的核心经济主权发生实质性的改变。

在这种条件之下中美之间发生的冲突，恐怕就不能简单地理解为贸易摩擦，很大程度上是因为中国的货币总量快速扩张的时候一定要有出路。

首先是"一带一路"倡议，沿线国家基本上都跟中国签订了双边货币协定。2008年华尔街金融海啸爆发的时候，东亚是世界上美元储备最多的地区。所以东亚和东南亚本来要建立一个货币整合关系，当时是东盟+1，+2，+3，形成东亚区的本币结算。东盟和东北亚之间的区内贸易量很大，如果都用美元结算，就意味着这一地区都变成了吸纳美元、帮助美国弱化通胀的贡献地区；相反，如果都用本币结算，很大程度上意味着各自本币的地位优势提升。这其实跟欧盟发行欧元有相似性。也因为东亚提出这个动议，并且进入实操阶段，就导致美国作为金融资本主导国家严重不满。于是，时任总统奥巴马在那么困难的条件下高调宣布重返亚太！

所谓美国重返亚太，其实就是以软实力和巧实力手段确保美国在金融资本阶段的利益冲突中取胜。

但是，中国的金融资本跟美国的资本相比具有性质上的差异。美国的美联储制定国家金融政策，但美联储是私人银行家组成的机构，代表的是银行家的利益。中国的中国人民银行作为货币当局，是政府部门，代表的是国家利益。客观地看这两个管理部门，尽管都是服务于金融资本，但因为形成金融资本的本源乃至货币政策制定及执行体系之间的本质差异，使中国的金融资本某种程度上还是被国家有效掌控的。

从这个角度来说，中国的国有银行性质与西方是不一样的。世界上金融资本都在扩张，但中国的金融资本不能像西方那样对外输出流动性。在这种情况下，2010 年以来，农村土地吸纳了过剩的流动性。怎么让土地成为有效吸纳过剩流动性的载体，同时又使农民的权益受到保护？这就需要作细致的制度设计。

在 2017 年中央农村工作会议上，习近平总书记明确批评了过去的粗放发展，数量型增长；强调要放弃过去那种数量型的粗放增长，进入质量效益型的增长。过去的那种粗放增长一定是有一套粗放制度相匹配的，也包括一套粗放的改革思路。现在怎么改呢？要改成符合质量效益型的制度设计和管理方式，所以改革未有穷期，任何改革都得符合生态文明的国家转型要求，符合质量效益型发展。

正因如此，尽管今天我们都知道货币增发出现金融资本流动性过剩是一个客观事实，但吸纳流动性要靠"生态资本深化"。让 2010 年以后的中国农村资源性资产通过"生态资源价值化实现形式"的改革，通过习近平总书记所讲的"生态产业化、产业生态化"的一系列精心制度设计，使农村大量的资源性资产货币化，甚至进一步推进资本化，使金融变成发展农村新型集体经济的工具，而绝不是使实体经济被金融资本所左右。这一点，应该是当前非常重要的内在性机制性问题。

因为过量增发，美元的币值半个多世纪以来是下降的。1971年布雷顿森林体系解体之后，美元增发如脱缰的野马。大量的流动性资金进入虚拟经济，使美国的虚拟经济增长速度非常快。世界各国把美元作为实体产品贸易的结算货币是第二次世界大战造成的。因此，到现在为止美元仍然维持着世界储备货币和世界结算货币的最大份额。世界结算货币的60%仍然是美元。尽管欧元崛起，但欧元只占20%。现在人民币崛起，石油期货用人民币结算，并且以兑换黄金为保证，接着铁矿石的期货以人民币结算，这是要切他的奶酪。所以从这个角度来说，美中双方之间的冲突不是简单的贸易战，而是背后的金融资本阶段的对抗性矛盾，美国通过贸易战的方式来表现，我们必须看到背后一系列复杂的背景，才能理解现在的变化。

（三）债务危机

中国用土地这种主权经济资源吸纳流动性资金，实际上仅仅暂时有效。地方政府债务率不断爆出来，杠杆率是非常高的。各地对土地财政的依赖度也是非常高的。这个过程本身是和农村建设用地大面积借口以租代征被征占，造成征地价格不断上涨，货币增发与房地产泡沫化直接相关。因此，GDP增速虽然下降了，带动房价下降，但各地政府土地征占是持续追加的，用于抵押给银行套现抵销债务利息。

结果导致房地产投资的增速增长，但剔除土地购置费之后的投资增速是明显下降的。这是因为债务率过高，地方政府必须征地到银行套现，把陈欠利息填平，然后银行才能把陈欠转为新欠。这样国民经济的整个过高杠杆率被掩盖了，不至于马上爆发。

越发达的地区，地方土地融资平台杠杆率越高。如果不抓紧推进转型，将难以为继。地方政府的杠杆率过高，尤其是房地产开发，它所包含的债务率太高，包括居民买房形成的大量负债，都在房地产上。

一般看三大负债对 GDP 占比：政府负债、居民负债和企业负债，加总到 2018 年，几乎是世界最高。在这种高债务率的压力下，如果不善于利用相对过剩的金融流动性来替代高度负债的地方财政，中国经济的可持续发展将无以为继。

近年土地出让的比例在持续增加。城镇化本身确实造成农业的衰败，越是加快城镇化，土地价格就越来越被城市市场所左右，地租价格不断上涨，最终造成农业类企业和农民都支付不起地租。所以，进一步解放思想要形成清晰的问题意识，要对以前的土地改革作出与宏观战略相关的分析，才能有对今天生态文明转型更为明显的问题意识。

三、思想创新

（一）问题意识——去意识形态的土地改革述要

下面我们来看 20 世纪 50 年代和 20 世纪 80 年代的两个故

事。我在以前提到关于总地租的理论，只要能把地租真的全额收归政府，归国家所有，就可以完全免税。

先看 20 世纪 50 年代的土地改革。1946 年，土地改革开始之后，国民党政府深陷财政赤字危机。因为在抗日战争时期，国民政府还可以从海外得到援助，到 1946 年因国内战争爆发而不再提供了。于是国内战争只能靠国民政府用财政养军队，军事开支占财政的 80% 以上。在财政严重赤字的压力下，政府大量增发货币，导致货币体系接近崩溃。

第二次世界大战后，美国因占有世界 60% 的黄金，发行全球 70% 的货币，使美元成为美金。于是，美国专家告诉国民政府应该借入美元来发行"金圆券"替代过去的货币。所以 1948 年国民政府一个重大的深改措施叫作金圆券改革。但是，这项金融改革仅 4 个月就失败了，通货膨胀进一步恶化。而国民党的军队是要靠军费支撑的，当恶性通胀摧毁现代化金融体系，就意味着现代财政也没法给军队发饷，军队就不打了。所以共产党军队打完淮海战役，再往江南打的时候，所到之处，哪怕只是去了一个连队，对方的军队都会沿着大路把枪放下，等着收编。这应该是一个典型的农村包围城市的革命的胜利。

农民要分地，是几千年的制度需求，满足农民这个需求就得到他们的拥护。但是，共产党接手大城市之后怎么办？当时的政策是对国民党政府留下来的管理部门及教职员全部接收，每天都要花钱，所以必须在城市维持国民党政府留下的现代财政和现代金融。但接手财政必须建立的税收依据是什么？没有，城市生产一片凋敝。

一旦接手大城市，尽管军费没那么多，但新政权遇到同质性的国民党政府的严重财政赤字。为了维持城市开支，新政权的财政赤字在 1949 年高达 70% 以上。靠什么弥补呢？在生产没有搞上去之前只能靠增发货币来弥补财政赤字。然而，若仅仅通过大规模印钞来弥补 70% 的财政赤字维持大城市运转，结果势必加剧恶性通胀，月通胀率在 30% 以上。

所以，新政权接手大城市后的第一个大挑战，就是要用导致旧政权垮台的现代财政、现代金融来维持城市的生存。所以，新中国成立初期的形势是非常严峻的。

谁来挽救这一危机？那就是被土地改革恢复了的传统小农村社制度。有三个化解危机的方法。

一是减少财政覆盖人口。1946 年开始到 1951 年结束的土地改革，让占中国人口 88% 的农民回家种地，和当时的政府财政金融基本上没关系了。政府只需要管那不到 12% 的城里人，这是第一个重大改变。

二是通过精兵简政加强农村基层管理。大量的军人复员转业回到农村成为基层骨干，每个村都有人管理，不是分了地以后就没人管理，而是靠 100 多万转业军人加强基层管理。

三是平抑城市物价。在城市，原来制订的方针是发展新民主主义，主要是通过发展私营经济，推进市场经济体制，促进民族工商业建设。但是，在高通胀的压力下，任何实体经济都难以维持，不管什么性质。于是，私营经济有一点钱都拿出去投机，要么投机外汇，要么囤积生活必需品。当年上海、武汉等大城市里叫作炒三白：白米白面白布。于是，共产党刚接手大城市就不得不连续打了三次"三白战役"，军事管制委员会直接对付那些投机商。并不是新政权不想发展私营经济，而是一般市场体制下的私营经济是不可能抗通胀的。

在这种情况下，因为新政权在农村分了地，农民就拼命增加生产，这叫作劳动力的简单再生产维持家庭。接着就是小农经济的扩大再生产要做的外延扩张——追加土地。那就得节衣缩食，用更多的农产品交售来获得货币，用积累的货币再去买土地。

全国土地改革之后，农民因扩大再生产而大规模交售农产品，就使共产党收购了足够的"三白"，在城市打赢了"三白战役"，参与囤积居奇的私营经济由此被打败。这不仅是意识形态或政治上的斗争，而且化解了经济领域客观上遇到的恶性通胀困境。农民向新政权大量提供农产品，也就大规模吸收了新政权增发的货币。为弥补赤字而增发的 70% 的货币中有 50% 左右被农民交售农产品拿走了。于是，政府手中有足够的农产品对抗被投机加剧的通货膨胀率。短短几个月内，因农民在秋收之后向政府大量交售农产品而使新中国成立初期的危机基本上得到化解——城市的通胀率迅速下降，生活必需品供给充足。所以说，是传统的小农经济挽救了刚接手大城市的新政权。

1950年的土地改革怎么回事？很多人没有作宏观分析。它催生的新国家新政权免于被恶性通胀所打垮，主要靠20世纪50年代全国推进的土地改革。

此外，土地改革还有一个非常重要的作用，就是对全民的动员，中国成了世界上农民被广泛充分动员的国家。中国的国家政治建设参与度是世界最广泛的。在西方国家动员投票很难，但在土地改革中所动员的农民参与度几乎是100%，甚至连长期以来没有地位的妇女也被全面动员起来了。现在老一辈的人还有知道当年有"小识字班""大识字班"的。小识字班指的是教年轻的、未成年的女孩子们识字。大识字班则是教成年妇女识字。妇女识字运动、大生产运动等做法，把中国的农村劳动力充分动员起来了。

所以，客观地回顾20世纪50年代，是土地改革恢复了农村传统的小农村社经济，并且是家庭兼业多样化的这种传统经济的广泛存在，挽救了新中国成立初期的危机。

应该说，整个东亚在第二次世界大战之后实行的都是耕者有其田——平均分地制度，所以整个东亚都进入了工业化。而没有平均分地的南亚、西亚都进入不了工业化。从这个角度来说，东亚和其他地区最大的不同在于社会稳态结构，一般发展中国家是菱形的，它的社会结构是不稳定的。而东亚社会因为分了地，变成了超稳态的金字塔形结构。到现在为止，东亚社会发生非战争形态的大规模社会冲突都少于拉美、南亚等。这是土地改革制度派生出来的结果。东亚社会的长期稳态结构，是经过农村财产关系变革以后形成的。

土地改革之所以内在的具有"去依附"性质，跟刚才讲到的阿明理论直接相关，它确实是一次典型的"去依附"，使整个东亚社会不能再用"欧洲中心主义"的话语体系来看待。

当然，在今天这个全球化条件下维持"去依附"有一定的难度，中国还需要进一步改革。在中国工业化过程中，"三农"都作出了巨大的贡献。中国工业化怎么完成资本原始积累？主要是通过集体化获取"三农"剩余。

（二）1980年土地改革化解外债转化的赤字危机

我们再看1980年的土地改革。中国的开放是20世纪70年代尼克松访华以后开始的。中央1963年就提出要调整结构，把苏联留下来的偏军事偏重工业的工业结构调整为农轻重比例协调的经济结构。当时就决定要发展轻纺、化学工业、一般消费工业。但那时的外部地缘政治条件不具备，于是中国转向三线建设。那就意味着要继续维护军事工业、重工业的"市场无效率"生产，因为它们生产出来的产品是为了打仗，而且得打赢，占有对方的资源，否则军事工业、重工业的维持成本是很高的。

苏联、东欧当年战略性援助中国留下的军事工业、重工业体系维护成本极高。在没有外部援助的条件下，20世纪60年代的普遍贫困，很大程度上是由于国家为维持军事工业、重工业体系支付了双重成本造成的。到20世纪70年代，中苏发生冲突，美国得到历史性机会"重新夺回中国"——这是美国的说法——尼克松说我去见毛泽东要先送他一个大礼，这就是解除对华封锁的背景。于是，毛泽东和周恩来紧急制订"四三"方案，引进 43 亿美元的西方设备和技术，改造了中国传统的军事工业、重工业结构。

毛泽东去世之后，华国锋继续引进，比毛泽东翻了番，要引进 82 亿（实际引进接近 100 亿）美元的西方设备和技术。华国锋原来说要慢一点来，8 年引进 82 亿美元的西方设备和技术。结果各地都着急，于是两年之内全部计划额度都引进了。结果造成以前增加的外债没有解决，这一时期的外债几乎是以前的 2—3 倍，到 1978—1979 年，财政就过不了日子——外债在中国体制之下直接转化为财政赤字。所以中国到 20 世纪 70 年代末财政赤字高起，累积赤字是财政总规模的大约 25%，也就是说有 1/4 的财政需求是开支不了了。那时也不能再宣称既有外债，又有内债。怎么办呢？再次进行土地改革。所以 1979—1980 年邓小平推动了第二次土地改革，给农民按家庭人口平均分地。

这一次土地改革怎么救的中国呢？

刚才说拉美国家也是引进西方设备，因为外债过量而导致国家陷入债务危机，导致一系列政权更迭，政局不稳。相对而言，中国保持了稳定。1980 年土地改革以后，大量过剩的农民劳动力就地转向乡村工业，对于国内重工业和设备制造业的需求形成了一个巨大的市场。例如，乡村工业要发展纺织业和各种各样的轻工业、化工业，恰恰对上游的城市重工业形成拉动。到20世纪80年代初期，家庭联产承包责任制推行之后，产生了巨大的内需，出现了内需拉动型的良性增长。世界上几乎所有国家都梦寐以求能靠内需拉动，但内需上不去也是普遍的。中国却在20世纪80年代因为农村改革解放了农民，进入了农村工业化而产生了农民的非农收入增加，于是，农民的人均纯收入增长速度快于城市。有人说"搞导弹的不如倒腾鸡蛋的"。那个时候农民有万把块钱就很了不起，地方政府鼓励万元户。再加上当时城市工业的不景气，大量的城市工程师、技术员都变成乡镇企业的"周末工程师、技术员"。

总之，乡镇企业的蓬勃兴起，农民的收入提高，极大地活跃了中国市场，变成了一个典型的内需拉动。那么，代价是什么？是因农民的消费需求和乡村工业的原材料需求都过于强烈而导致通货膨胀。

所以，20世纪80年代这一次土地改革再次挽救了高负债的现代城市财政和金融。中国之所以没有陷入拉美危机，不是靠别的。当然，靠改革开放，这是对的。但从客观情况来看，是农村改革解放了过剩劳动力。

据此认为，再次进行土地改革产生的宏观效应，一是强化了国家还债能力，二是形成了世界难得的内需拉动式的增长，推动了城市的经济体制改革。

第二篇

改革开放

★ ★ ★

　　改革开放是中国百年现代化最显著的特征和动力。中国不断走向世界、走向强大、走向未来，主要源于改革开放。1978 年，党的十一届三中全会开启了改革开放和社会主义现代化的伟大征程，正如邓小平所言："我们要赶上时代，这是改革要达到的目的。" 由此，中国在世界两百多个国家和地区中异军突起，创下了举世瞩目的经济发展奇迹、科技创新奇迹、减少贫困奇迹、人类发展奇迹，用了几十年时间走完了发达国家几百年走过的工业化历程。

　　中国现代化是社会主义现代化，根本不同于西方国家几百年来殖民主义、霸权主义现代化。它是独立自主的创立发展完善中国特色社会主义制度，不断改革完善经济、科技、政治、文化、社会、生态文明体制，大力解放发展经济、科技、文化、社会、生态生产力，不断增强我国经济实力、科技实力、国防实力、综合国力及文化软实力，不断提高全体人民生活水平和质量，不断促进人的全面发展，全体人民共同富裕。

　　中国改革开放根本不同于苏联与东欧国家的改革，就是始终坚持社会主义政治方向，坚持以人民为中心的发展思想，坚持公有制为主体、多种所有制经济共同发展，坚持市场在资源配置中起决定性作用和更好发挥政府作用，既不走老路，更不走邪路，决不在根本性问题上出现颠覆性错误，确保改革开放沿着正确的方向行稳致远，确保全面建成社会主义现代化强国。

改革开放、国家能力与经济发展①

王绍光

清华大学国情研究院特聘研究员，清华大学公共管理学院、
苏世民书院特聘教授，香港中文大学荣休讲座教授

---

① 此文系王绍光教授在"国情讲坛"第七讲的文字记录稿，2018 年 9 月
20 日。

2018 年是改革开放 40 周年。中国的改革开放取得了举世公认的伟大成就。无论与哪个经济体相比，无论拿什么尺度来衡量，这些成就都是辉煌的、值得大书特书的。不过，中国过去 40 年的个案是否证明，只要进行改革开放就一定会取得成功呢？恐怕未必。不管是在过去 400 年里，还是在过去 40 年里，很多国家、地区都进行过改革或者开放，但失败的多，成功的少。下面，我以两个时期为例作出说明。

19 世纪末 20 世纪初，面临西方列强强大的军事与经济挤压，很多国家都走上了改革开放的道路，希望实现现代化。在埃及，19 世纪中叶，总督萨义德开始进行土地、税收、法律方面的改革，他创办埃及银行，兴建了第一条普轨铁路。在奥斯曼帝国崩溃之前（1923 年），它进行了将近一个世纪的改革。在伊朗，巴列维王朝的缔造者礼萨汗曾仿效西方，对伊朗进行了一系列改革，包括兴建伊朗纵贯铁路，创办德黑兰大学、进行国会改革等。在中国，清王朝在 19 世纪末 20 世纪初，继洋务运动与戊戌变法后，又推出清末新政，改革涵盖政治、经济、军事、司法、文教等各个领域。上述改革开放都没有成功。只有日本，明治维新后，国力日渐强盛，走上了现代化的道路。

1980 年，土耳其开始经济改革。同样在 1980 年，数个东欧国家开始进行经济改革。在整个 20 世纪 80 年代，撒哈拉以南非洲国家（喀麦隆、冈比亚、加纳、几内亚、马拉维、马达加斯加、莫桑比克、尼日尔、坦桑尼亚、扎伊尔）开始改革；印度也开始改革。1983 年，印度尼西亚开始经济自由化的改革。1986年，越南开始革新开放。1986 年，苏联戈尔巴乔夫开始"新思维"导向的全方位改革。20 世纪 80 年代末，一批拉美与加勒比地区国家开始结构改革。到 1989 年、1990 年，苏联的 15 个加盟共和国和东欧那些社会主义国家纷纷改旗易帜，彻底按西方模式转型。上述改革有的比较成功，如越南；有的经过多番试错，才慢慢走上正轨，如印度；大多数失败了，有些还败得很惨，如东欧国家。

在我看来，改革开放要成功，必须具备两大前提。第一是坚实的基础，包括政治基础（独立自主、国家统一、社会稳定、消除"分利集团"）、社会基础（社会平等、人民健康、教育普及）、物质基础（水利设施、农田基本建设、齐全完整的产业体系）。过去 40 年，中国的改革开放之所以能够成功，是因为新中国的前 30 年打下了非常坚实的基础。关于奠基的重要性，不管怎么强调都不过分。关于这个问题，我前不久在另一个场合专门讲过，这里不再赘述。①

我们今天要讨论的是第二个前提条件，就是要有一个有效的政府，即具备基础性国家能力的政府。原因其实很简单，每一项改革必然导致利益重组；越是激烈的改革，利益重组的广度、深度和烈度越大，"翻船"的可能性也就越大。要应付这种局面，

① 王绍光：《奠基与延续——中国道路的世界性意义》，《东方学刊》2018 年第 1 期。

前提就是有一个有效的政府，能够掌控全局，采取各种各样的方式来缓和、减轻随利益重组而来的冲击，克服各种各样的抵制和阻碍。这样改革开放才能成功。换句话说，我的论点可以概括为一句话：经济实现增长，除了改革开放以外还需要一个因素，就是具备基础性国家能力的有效政府。

什么是国家能力？国家能力就是国家将自己的意志变为行动、化为现实的能力。每个国家都有自己的意志，即想办成的事，但要把意志变为行动、化为现实绝非易事，是相当难的。否则，世界上就不会有那么多麻烦。

什么是基础性国家能力？经过多年的研究，我认为有七种能力至关重要：一是强制能力，国家要掌握暴力、垄断使用暴力的权力；二是汲取能力，国家能够从社会与经济中收取一部分资源，如财政税收；三是濡化能力，国家要使国人有共同的民族国家认同感，有内化于心的一套核心价值；四是认证能力；五是规管能力；六是统领能力；七是再分配能力。

改革开放、国家能力与经济增长有什么关系呢？我希望从历史上发生过的三次大分流说起：东方与西方的大分流，中国与日本的大分流，以及第二次世界大战后发展中国家之间出现的大分流。

一、国家能力与东西大分流

东西大分流，是指东方与西方在很长时间里没有什么差别，但后来西方逐渐崛起，最后称霸世界（有人称之为"欧洲奇迹"），东方却一蹶不振，远远落到后面。关于东西方之间出现过一次大分流，历史学家们似乎没有什么争议。有争议的是分流发生的时间与原因。有些人认为，大分流发生在 18 世纪；而另外一些人认为，大分流发生的时间更早，至少在 1500 年、1600 年就已经发生了。关于分流时间的争议实际上就是关于分流原因的争议。不过，不管哪一种看法，大家也许都会同意，发生在 18 世纪中叶的工业革命才是真正的分水岭。

那么，在工业革命之前，欧洲是否发生过一些事情，东方却没有发生？这些事情也许与工业革命有关联，因为时间上的先后预示着逻辑上的因果。

在工业革命（18 世纪下半叶至 19 世纪）之前，欧洲已经发生了五件大事：军事革命（16—17 世纪）、财政－军事国家的出现（17—18 世纪）、大规模殖民主义（16—19 世纪）、大规模奴隶贸易（16—19 世纪）、税收增长（17—20 世纪）。这五件大事都反映国家能力的变化，而国家能力的增强很可能与工业革命有关。

我们先看一个简单的事实。在欧洲出现近现代国家（指具有一定的强制能力与汲取能力的国家）之前，世界各个地区的状况差不多：经济长期停滞，几乎没有什么增长。欧洲近现代国家开始出现以后（1500 年以后），情况发生了变化，经济增长提速。起初的增长提速并不明显，人均 GDP 年增长速度从 1000—

1500 年的 0.12% 上升到 1500—1820 年的 0.14%，差别只有区区 0.02%。不过，西欧国家的基础性能力提高后，它们的经济增速就逐渐加快了，1820—1870 年是 0.98%，1870—1913 年达到 1.33%。20 世纪上半叶，欧洲经历了两次世界大战，增速下降到 0.76%；第二次世界大战以后是欧洲资本主义发展的黄金时期，增速高达 4.05%。而中国在整个 19 世纪与 20 世纪上半叶，人均 GDP 增速很低，甚至是负数。两相对比，大分流的态势十分清楚。

大分流也表现在人均 GDP 水平的变化上。按 1990 年国际美元估算，公元元年时，西欧的人均 GDP 是 576，中国是 450；到 1000 年的时候，中国还是 450，几乎没变；但欧洲下跌到 427。这就是说，1000 年的时候，中国比西欧整体上要稍微发达一点，因为罗马帝国崩溃后，欧洲四分五裂。到 16 世纪开始的时候，西欧的人均 GDP 达到 771，中国也上升到 600。100 年以后，中国与欧洲的差距进一步拉大，因为中国还是 600，西欧却达到了 889。再往后 300 年，东西之间的人均 GDP 差距形成了巨大的鸿沟。这里的关键是，16—17 世纪恰恰是欧洲近现代国家开始出现雏形的时候。特别需要注意的是，在近现代国家没有出现之前，欧洲与世界上其他地方一样，经济几乎不增长；而近现代国家出现之后，欧洲的经济增长才开始提速，领先于全球。这绝非偶然的巧合！

最近 20 年，越来越多的历史学家开始使用"财政 – 军事国家"来称呼 17—19 世纪在欧洲出现的新型国家。

既然被叫作"财政 – 军事国家",这种国家至少具备两种基础性国家能力:强制能力(军事国家)与汲取能力(财政国家)。用历史学家李伯重的话说,"火枪加账簿"就是早期经济全球化的时代特征。[1] 正是"财政 – 军事国家"这种政治创新引领了西方的技术创新与经济发展。

其实,"财政 – 军事国家"更应该叫作"军事 – 财政国家",因为从历史发展视角看,军事革命在先,财政创新在后,财政最初是服务于军事与战争的。"军事革命"这个概念最初是由英国历史学家迈克·罗伯斯于 1956 年提出的。经过长达几十年的辩论,大部分相关学者现在都同意罗伯斯的看法:在 16—17 世纪,西方发生了一场军事革命,在武器、组织、军队规模等方面发生了革命性的变化。

发明火药的是中国,最早的炸弹、火枪、火炮也出现在中国,比欧洲早几百年,为什么军事革命在欧洲率先出现而不是在中国呢?也许起作用的因素很多,但一个关键因素可能是战争的频率。各国的历史都是战争的历史,但欧洲几乎是一个战争接着另一个战争。战事频繁就会促使当事国在武器创新、组织创新、军队规模扩大上下大功夫,从而带来军事革命。

据分析,1450—1550 年,中国战事不多,军事创新停顿。

---

① 李伯重:《火枪与账簿:早期经济全球化时代的中国与东亚世界》,生活·读书·新知三联书店 2017 年版,第 392 页。

而同期西方战事频繁，大战不止，激发军事创新加速。到 15 世纪末，欧洲的火炮已优于中国。这一止一进，导致出现了第一次小型的军事分流。1550 年以后的两百年间，东亚地区烽烟四起，迫使中国反过来向欧洲学习制作先进枪炮的技术，与欧洲国家形成军事均势。其间，郑成功还打败了不可一世的荷兰殖民者，收复了台湾。但 1760—1839 年，中国战事少，军事创新停顿，而欧洲战火不断，军事创新突飞猛进，形成了第二次更大规模的军事分流。军事大分流的结果就是莫里斯提到的第一次鸦片战争成为中国永久的耻辱。

这里需要注意的是，经济大分流的时点，或更具体地说，英国工业革命的节点恰好发生在 1760 年到 1840 年，与中西军事大分流的节点几乎完全吻合。这绝不是因为巧合，而是因为军事革命造就了强制能力更加强大的现代国家，而具备强制能力的现代国家为经济发展奠定了基础。

强制能力具体如何影响经济发展呢？从欧洲的历史看，其作用表现在对内、对外两方面。

对内，强制能力可以为当时的"改革开放"保驾护航，创造一个霍布斯、亚当·斯密期盼的和平的内部环境。世界上最早的常备军出现在 16 世纪的西班牙，西班牙是当时的世界霸主。如果细读亚当·斯密的《国富论》就会知道，虽然其第五篇第一章题为"论君主或国家的费用"，实际上论证的无非是常备军是现代社会的标志，因为"有了好纪律的常备军，一个文明国才能抵御外侮"。亚当·斯密在世时，世界上还没有专业的警察。第一支专职警察队伍 1829 年诞生于伦敦，并很快在英美与许多欧洲国家普及，其根本使命是保护私有产权不受侵犯。

对外，强制能力可以用来做三件事情：第一是掠夺海外资源，包括劳动力资源；第二是打开海外市场；第三是培养管理人才。

掠夺海外资源的方式是殖民主义与奴隶贸易。从 15 世纪初到 19 世纪末，欧洲推行殖民主义历时约 400 年。最早推行殖民主义的是葡萄牙、西班牙，15—16 世纪，它们把魔爪伸向非洲、亚洲与新"发现"的美洲。17 世纪初，英国与荷兰分别建立自己的"东印度公司"。此后 100 多年，它们与法国相继建立海外殖民地，争夺的重点是美洲。从 19 世纪中叶起，更多的欧洲国家参与对非洲与亚洲的争夺，非洲差不多被彻底瓜分，很多亚洲国家也沦为殖民地。

伴随殖民主义而来的是大规模的跨大西洋奴隶贸易。最早进行奴隶贸易的正是最早推行殖民主义的国家：西班牙与葡萄牙从 16 世纪初就开始长途贩卖奴隶；荷兰、英国、法国紧随其后，并把奴隶贸易的规模越做越大。后来，其他欧洲国家卷入奴隶贸易，包括丹麦、挪威等国。那时，在西方语言中，factory 通常是指非洲沿海设立的奴隶贸易据点，还没有工业生产场所的意思。

在长达 300 多年的时间里，约有 1200 万人从非洲被运到美洲当奴隶，有的学者估算的数据更高。加上在航运与贩卖过程中死亡的奴隶（1000万人左右），非洲人口损失高达3000万。有学者估计，17世纪初，撒哈拉以南非洲人口占全球人口的比重是18%，但300年后，这个比重跌至6%，而在此期间，欧美的人口翻了好几番。

在《资本论》第一卷第七篇"资本的积累过程"中，马克思也谈到奴隶贸易与原始积累的关系："美洲金银产地的发现，土著居民的被剿灭、被奴役和被埋葬于矿井，对东印度开始进行的征服和掠夺，非洲变成商业性地猎获黑人的场所：这一切标志着资本主义生产时代的曙光。这些田园诗式的过程是原始积累的主要因素。"[1]他特别以英国商业重镇利物浦为例，指出"利物浦是靠奴隶贸易发展起来的。奴隶贸易是它进行原始积累的方法"[2]。

不仅是奴隶贸易，奴隶制也是工业革命率先在欧美爆发的重要原因。1944年，加勒比黑人历史学家埃里克·威廉姆斯在《资本主义与奴隶制》中提出一个著名论点：从英属加勒比殖民地由奴隶种植的蔗糖与跨大西洋奴隶贸易中获得的利润为工业革命提供了初始资本，使英国成为世界上第一个现代经济体。直到制造业站稳脚跟、来自奴隶制的利润与之相比不再那么确定之后，英国才开始倡导废除奴隶制。[3]威廉姆斯的观点引发了长达几十年的辩论。虽然从今天的角度看，他的研究方法看似不怎么先进，但

---

[1]《马克思恩格斯选集》第二卷，人民出版社1995年版，第265页。

[2]《资本论》第一卷，人民出版社2004年版，第870页。

[3] 也就是说，英国废除奴隶制的主要原因不是出于人道主义，而是因为英属加勒比地区制糖业的衰落。

迄今为止没有什么像样的历史与经济研究能够推翻他的基本判断。

如果将时空视野进一步放宽，就会看到，奴隶贸易把非洲、加勒比、拉丁美洲、北美洲、英国以及整个欧洲都联成一体，进而与中国发生了关系。奴隶在美洲开采的白银首先为欧洲各帝国提供了进入中国市场并换取来自中国消费品的机会；奴隶种植的农产品使英国有可能逃避对其人口增长的环境限制，从而取代中国成为世界经济的领头羊。正如彭慕兰所说，英国之所以能够打破"马尔萨斯陷阱"，是因为美洲种植园生产的蔗糖与棉花为其人口提供了卡路里和纤维。

这也就解释了为什么改变人类历史的工业革命会首先发生在英国，为什么欧洲的军事革命、殖民主义、奴隶贸易、奴隶制导致东西方之间出现所谓的"大分流"。欧洲国家当时为什么如此不择手段地发展经济呢？一位英国议员斯塔普雷顿在1873年向其选民说的一段话充分表达了欧洲人的紧迫感："如果中国成了一个大工业国，那么欧洲的工业人口除非把生活水平降低到他们的竞争者的水平，否则，我就不知道他们怎样才能坚持竞争。"①东西大分流就是在这样的背景下发生的，也遂了西方人的愿。

除了掠夺资源，西方殖民主义者还依仗船坚炮利在全球四处横行，抢占市场。曾在北美与南美参与殖民扩张的英国冒险家沃尔特·雷利爵士根据自己的亲身经验，告诫伊丽莎白一世女王：

---

① 转引自《马克思恩格斯全集》第四十三卷，人民出版社2016年版，第639页。

"谁控制了海洋，谁就控制了贸易；谁控制了世界贸易，谁就控制了世界的财富，最后也就控制了世界本身。"① 据说，这句话对女王产生了巨大的触动，使其海外殖民的野心急剧膨胀，开始注重海军舰队的建设，并特许更多、更大规模的私人公司在海外进行殖民掠夺。为此，英国在 1600 年底建立东印度公司，作为其在印度、中国及其他亚洲国家推行殖民主义掠夺政策的工具。从 18 世纪中叶起，该公司拥有军队和舰队，形成巨大的军事力量，靠武力完成了对印度的占领，获得了对印度实行殖民统治的权力，操纵了这个国家最重要的管理职能，从而完成了对印度贸易的垄断。

马克思在《资本论》中将荷兰称作"第一个充分发展了殖民制度"的国家，"十七世纪标准的资本主义国家"。在相当长一个时期里，它"几乎独占了东印度的贸易及欧洲西南部和东北部之间的商业往来。它的渔业、海运业和工场手工业，都胜过任何别的国家。这个共和国的资本也许比整个欧洲其余地区的资本总和还要多"②。马克思对英国东印度公司的描述也实在让人瞠目结舌："英国东印度公司除了在东印度拥有政治统治权外，还拥有茶叶贸易、同中国的贸易和对欧洲往来的货运的独家垄断权。而印度的沿海航运和各岛屿之间的航运以及印度内地的贸易，却为公司的高级职员所垄断。对盐、鸦片、槟榔和其他商品的垄断权成了

---

① 在 17 世纪中期，雷利这种说法被约翰·伊夫林抄袭、改造，流传得更广。——作者注。

②《马克思恩格斯文集》第五卷，人民出版社 2009 年版，第 864 页。

财富的取之不尽的矿藏。这些职员自定价格，任意勒索不幸的印度人。总督参与这种私人买卖。他的宠信们是在使他们这些比炼金术士聪明的人们能从无中生出金来的条件下接受契约的。巨额财产像雨后春笋般地增长起来，原始积累在不预付一个先令的情况下进行。"①

简而言之，欧洲发生军事革命后，西方列强便在掠夺海外资源的同时，不择手段地拓展海外市场。由于远洋贸易巨大的成本和安全风险，欧洲商人集团的远洋探索和全球贸易都是"武装贸易"。难怪这个时期在欧洲被人称作"英雄商业时期"（Age of Heroic Commerce）。到 18 世纪末，欧洲列强已开辟了大片海外市场，从而为引爆工业革命奠定了决定性的基础。没有世界市场，就不可能有工业革命。

除了资本、资源、市场，发展经济还需要相关人才，如企业家和工程技术人员。在这方面，军事组织（国家的常备军与私人雇佣军）与国防工程也发挥了相当大的作用。军事组织与经济组织都是大型的人类组织，其运作方式有不少共性。其实，Company 最初是指"一群士兵"，后来才被用来指称商业公司。

同样，entrepreneur 这个词出现于 14 世纪，但在 16—17 世纪，它主要用来指政府工程承包人，尤其是军事要塞或公共工程的承包人。16—18 世纪，欧洲各个政治体之间战争不断，那时规模较大的社会组织不是经济实体，而是军事实体。组织战事的

---

① 《马克思恩格斯全集》第四十二卷，人民出版社 2016 年版，第 771 页。

人往往具有冒险精神、敢于承担风险，还知道如何进行远距离运作，这些都与所谓的"企业家精神"暗合。

一直到今天，各国还有人说，军队是培养企业家最好的学堂。更何况，当时的很多组织的性质是混杂的，既是商业组织，也是军事组织，如各种军事化的海外垄断性贸易公司。此外，战争本身也创造了各式各样的商务机会，例如，大小规模的军品生产，陆军与海军的补给，建造战舰、堡垒的承包商与分包商，跨国银行服务，以及追随军队提供服务的商贩，等等。这些生意的经营者往往与军队有千丝万缕的联系，很多现职与退役的士兵与军官可以利用自己在军队获取的组织能力，游走于军队与公司之间，变为叱咤商海的企业家。在这个意义上，军事革命创造一种环境，使军人中走出一批又一批企业家与公司经营者、管理者。历史研究发现，那时企业家通常出现在商人或军队之中。军事领导人特别合格，因为战争经常是出于经济原因而进行的。在战斗中设计并执行成功战略的指挥官们往往承担了相当大的风险，但也可以从中获得可观的经济利益。

资本、资源、市场、人才、技术在英国与欧洲各国的崛起过程中都扮演了不可或缺的角色。关于英国与欧洲各国从农业社会向工业社会转型，一般的教科书会抽象地谈到这些因素的作用，完全剥离了这些因素与暴力的内在关系。然而，上面的分析告诉我们，这些毫无色彩的抽象名词实际上都是以暴力或国家强制能力为基础的。斯坦福大学的印度裔英国史教授普里亚·萨提亚 2018 年出版了一本新书，其书名就清楚点明了暴力与工业革命的关系：《枪炮帝国：暴力造就工业革命》。这当然不是新观点，布莱克本在《新世界奴隶制的形成》中也总结道："英国工业化的道路之所以平顺，是因为它会毫不犹豫地、无情地使用暴力开路。"这让我们不得不感叹马克思早在 150 多年前就已经提出的精辟见解：英国与欧洲各国发展经济的一些做法"是以最残酷的暴力为基础……所有这些方法都利用国家权力，也就是利用集中的、有组织的社会暴力，来大力促进从封建生产方式向资本主义生产方式的转变过程，缩短过渡时间。暴力是每一个孕育着新社会的旧社会的助产婆。暴力本身就是一种经济力"[①]。不管作不作道德上的判断，马克思这段话都点明了一个简单的事实：强制能力较强的国家在经济起飞的关键时刻可以领先一步。

不过，强制能力或对暴力的垄断必须有财力支撑；强制能力的增强也需要国家的汲取能力相应增强。伴随着 16—17 世纪展开的军事革命，各国军队的规模变得越来越大，组织的方式变得越来越复杂，战场涉及的空间范围也扩张到全球，这一切都使战争的费用急剧攀升。为了支撑战争（因为战争是有利可图的），就需要国家增强汲取能力，或更直白地说，政府必须用财政金融工具来为军队的运作筹钱。当然，反过来，军事竞争也可以倒逼财政、金融手段的进步，让政府学会如何筹钱。

回顾 17—19 世纪的历史，可以清晰地看到，军事需求强有

---

① 《马克思恩格斯全集》第四十二卷，人民出版社 2016 年版，第 770 页。

力地推动了欧洲各国逐步建立起更为发达的财政体制。蒂利对此的概括十分到位："在这个千年（990—1992年），战争是欧洲国家最重要的活动。国家预算、税收、债务反映了这个事实……战争把欧洲的民族国家交织在一起，战争准备创造了各国国家机器的内部结构……随着国家武装起来，它的汲取能量大幅攀升。"

当国家同时在强制能力与汲取能力两方面发力时，演变的最终结果就是所谓"财政－军事国家"，亦即那些能够通过税收和其他财政创新手段保障大规模战事进行的国家。财政－军事国家在17世纪至19世纪征服了世界各地的大片土地，成为全球霸主，可见汲取能力有多么重要。

谈到汲取能力时，往往有人认为，它是经济增长的副产品，只有经济先增长，汲取能力才能加强，前者是后者的必要条件。不错，经济强，汲取能力很可能也强。例如，在19世纪以前，荷兰曾是经济的火车头，被人称作"第一个现代经济"。它的人均税收在整个17世纪比任何国家都高，比英国高出一倍至数倍。这种情况延续到18世纪，它的人均税收仍然比英国高30%—70%。但这并不意味着，只有经济先行增长，汲取能力才有可能加强，前者未必是后者的必要条件。事实上，汲取能力本身完全可能先行增长，带动经济增长随后而来。以英国为例，在光荣革命以后，它的财政税收（以人均上交白银的重量克计算）明显上升，从1650—1659年的38.7克上升到1700—1709年的92克，到工业革命的高峰期（1820—1829年）达到315克。而同期，英国经济增长并没有这么快,税收增长速度大大高于经济增长速度。据估算,1688—1815 年,英国的 GDP 增长了 3 倍,但实际税收增长了 15 倍。法国不遑多让,1650—1899 年,人均 GDP 增长了 2 倍,但人均税收增长了 33 倍。欧洲其他国家的情况也差不多,人均税收都翻了很多番,只是有些国家(英国、法国、普鲁士、奥地利)的汲取能力比别的国家(奥斯曼帝国、俄国、西班牙、荷兰)增强的速度更快。可见,国家汲取能力并不是经济增长的简单副产品。人均税收水平提高,国家的税收总水平当然也相应地大幅提高。

中国的情况却完全不同。与英国、欧洲其他各国相比,清朝的汲取水平很低,且没有提高。据估计,清代中央政府的年度财政收入,在康熙时期(1662—1722 年)约为 3500 万两白银,在雍正时期(1722—1735 年)约为 4000 万两,在乾隆时期(1736—1795 年)约为 4300—4800 万两,这种状况一直延续到鸦片战争之前。各级政府的财政总收入在 6000—8000 万两。考虑到这是人口快速增长的时期,清代人均财政收入不仅没有增长,反倒是持续下滑的。傅瑞斯估计鸦片战争以前清政府的税收不会超过 3 亿两白银,这是非常高的估计,远高于其他学者的估计,如张仲礼、李中清、王国斌、魏丕信、欧立德等。与当时的英国相比,这个数字却实在太低:3 亿两约为 110 亿克白银,中国的人口已达 3.5 亿—3.6 亿,人均税收是约 30 克白银,相当于英国的零头,比欧洲其他列强也低得多。

二、国家能力和中日大分流

19 世纪下半叶, 日本的发展速度比中国快得多。日本在甲午海战中打败了中国, 后来蚕食东北, 最后又试图侵占整个中国。即使到今天, 从技术、经济发展指标上看, 日本也比中国先进得多。对于中日之间的大分流, 应该如何解释呢?

关于这个问题, 有两种流行的看法: 第一种是明治维新之前, 中国与日本差不多, 都是经济停滞的落后国家, 且统治者都不思进取; 第二种是中日之间的差距是 1868 年日本明治维新之后拉开的, 因为日本进行了彻底的改革, 而中国的改革不够彻底。一本 2018 年出版的书——《国家的启蒙: 日本帝国崛起之源》依然持这样的看法, 并得到多位名家的重磅推荐。该书的作者马国川认为: 日本进入明治维新时代, 对外开放, 对内改革, 走上了富国强兵的近代化道路; 日本做得更为彻底, 引导着明治维新走向了成功; 假如日本不锐意改革, 发愤图强, 就会像中国一样衰败腐朽。实际上, 现在已有不少研究挑战上述流行看法。

关于第一种流行看法, 最近一二十年的研究表明, 与西欧一样, 中国与日本也曾经历广泛的商业化和早期的工业化 (非机械性的工业化)。用美国学者彭慕兰的说法, "1750 年前后中国和日本的核心区看来与西欧最先进的地区相同"都有"精密复杂的农业、商业和非机械化的工业"。[1] 经济学家安古斯·麦迪森的

---

[1] 彭慕兰:《大分流: 欧洲、中国及现代世界经济的发展》, 江苏人民出版社 2003 年版, 第 15 页。

估算显示，1700—1820 年，中国在世界 GDP 中所占比重分别从 22.3% 增至 32.9%，而欧洲从 24.9% 增至 26.6%；中国的年均增长率为 0.85%，欧洲为 0.58%，虽然都高于世界的平均数（0.52%），但中国比欧洲高。据此，中国学者李伯重也相信："在欧洲工业革命之前的几个世纪中，中国在经济发展的许多方面并不逊于欧洲。"

不过，在批驳第一种流行看法时，彭慕兰有点过于强调中日之间的共性，而忽视了它们之间的差异。第二种流行看法的问题是，它注意到中日之间的差异，但强调差异出现在明治维新之后，产生差异的原因是两国改革开放的力度不同。最近有研究表明，中日之间的分流并不是明治维新之后才出现的，而是在明治维新之前已经存在；两国在明治维新之前的差别使明治维新以后两国的差别进一步扩大。明治维新之前，中日之间的差别表现在两方面：一是人均 GDP 的差别，二是国家能力的差别，后者很可能与前者有密切关系。

基于新版麦迪森数据库，在康熙登基那一年（1661 年），中国的人均 GDP 高于日本，但到乾隆三十一年（1766 年），日本的人均 GDP 已超越中国。一份 2017 年发表的研究表明，在 1720 年以后的 130 余年里，日本的人均 GDP 年均增速明显加快，达到 0.25%，而中国的人均 GDP 几乎没有增长。这使两国之间的差距持续扩大。到 19 世纪的最后十余年，已呈天壤之别。很明显，中日两国之间在人均 GDP 方面的分流出现在明治维新之前，而不是之后。"这些早期的增长突破为 1868 年明治维新后转向现代经济增长奠定了坚实的基础。"

在人均 GDP 方面出现分流的同时，中日之间在国家汲取能力方面也出现了分流。我们来看一项对日本德川幕府和中国清朝的比较研究。该研究明确指出，从 1650 年到 1850 年，日本的汲取水平基本稳定，而中国的汲取水平急剧下降，致使中日在汲取能力方面的差距日益扩大。据该项研究的作者估计，到第一次鸦片战争前后（1839—1842 年），中国的税收收入只相当于国家收入的 2%，日本则高达 15%。这项研究的意义在于，它以翔实的数据证明，中日国家汲取能力方面的巨大差距出现在明治维新之前，而不是明治维新之后。

比较强的国家汲取能力也许可以解释，为什么日本在现代化道路上走得比中国早一些、顺一些、快一些。因为有比较强的国家能力，德川幕府时期和明治维新时期的日本可以提供更多、更好的公共物品，如道路、桥梁、港口、灯塔、消防、赈灾等。在明治维新前，中国的城镇化率只相当于日本的 1/3，以后还需要近一百年，中国的城镇化率才达到日本那时的水平。在生态保护方面，日本也比中国做得好得多，对森林的损毁程度可以看作一个指标。

中国的道路比日本长得多，但中国的面积大得多，换算成每平方公里的道路密度，中国远远落在日本后面。中国的第一条铁路建于 1876 年，且因遭到抵制于次年拆除；德川幕府却在明治维新前已计划建设铁路。这使日本在明治维新开始后不久就得以用政府投资主导全国铁路网的快速建设，通车里程不断增加，而中国远远落在后面。

更重要的是，日本是个狭长的岛国，中国的面积是日本的25倍。在1887年之前，铁路已联通日本的核心区域；到1907年，铁路已延伸至几乎整个日本列岛。反观中国，到甲午战争之前，铁路总长度不过400多公里，放在中国地图上，只是一截短线。即使到辛亥革命之前，中国通铁路的省份还是很少，其中不少线路还是由列强控制的。

提供公共物品需要财政收入支撑。政府的汲取能力比较强，才可能做更多的事情。而像交通网络之类的公共物品是经济进一步发展的基础设施。无疑，明治维新之前打下的基础会为明治维新之后的发展铺平道路。在著名日本史学家威廉·比斯利看来，就连明治维新之前已出台的相关改革规划也是一种公共物品，它"为明治维新提供了一幅'富强'的蓝图"。

在现代经济增长的起步阶段，与汲取能力同样重要的是强制能力，即中央权威对暴力合法使用的垄断。

从1185年到1867年，在长达682年的幕府时代，日本没有真正统一的中央政府，各地皆由武士统治。在16世纪后半叶，日本经历了一场军事革命：几乎全面采用枪炮，制订有效部署火力的战术，改变军队的构成和组织，从而实现了战争的专业化。它与欧洲的军事革命非常相似，是在没有中央权威的情形下发生的。尽管如此，这场革命改变了军队的组织方式和战争的打法，让人们意识到集中权威的必要性与重要性，为日后追求一个统一的现代国家提供了铺垫。

1850 年前后，中日同时面临内忧外患，但两国的回应方式迥然不同，对各自强制能力的影响至深。

为了镇压太平天国，清政府起初调动常备军"八旗兵"和"绿营兵"与太平军作战，但他们不堪一击，连连受挫。不得已，咸丰皇帝只好鼓励全国各地豪绅兴办团练（最著名者为湘军与淮军），不仅军队由地方势力指挥，连军队的开支也放任地方以各种名目的厘金筹措。从此，本有长期集权传统的中国走向分权。尽管后来清王朝几次试图收权，但覆水难收，大势已去。

同样应对内外危机，原本军权相当分散的日本却走向了集权。作为一个面积不大的岛国，来自海上的西方威胁让日本人认识到，明治维新前那种分散的封建政治架构已经过时。与列强有过交涉甚至短暂交战经验的幕府与各藩都曾采取增强自己军事实力的步骤，但限于分散的财力，各自为战显然已不足以抵御西方的入侵。实际上，在短暂的内战（1868—1869 年的所谓"戊辰战争"）之前，德川派与倒幕派都同意只有统一的中央集权体制才能挽救日本，并寻求改变幕藩体制，他们争夺的是由谁、用什么方式来主导这个集权过程。内战结束了长达 600 多年的武士封建制度，促成了天皇制度和新型行政体系的确立。明治维新最关键的改革是 1871 年废藩置县，彻底终结了幕府体制，其意义不下于秦始皇的废分封、行郡县。常常被人忽略的是，与废藩置县同时出台的改革是命令大名（封建诸侯）解散私人军队，将武器上缴政府，受到部分武士的抵制，但进展顺利。到1872年初，日本陆军与海军已正式建立；1873年初，日本又正式推出征兵制，用平民出身的士兵代替武士阶级。至此，日本已建立了集中统一的常备军。在创设全国统一军事体制的同时，日本建立了地方与全国警察体制。基于对暴力的垄断，日本得以在短期内大刀阔斧地推出一系列改革，包括实行新币制（1871年）、地租改正（1873年）将财权集中到中央。到1877年，它已建立起统一的财政制度，进一步加强了其汲取能力。

反观中国，直到甲午战争爆发后，清政府才开始效仿德国与日本组建常备军，即袁世凯统帅的"新军"，比日本晚了近1/4个世纪。更令清政府尴尬的是，这支"只知袁宫保，不知大清朝"的北洋新军最终成了辛亥革命的主力。

与中国一样，日本的改革也曾遭到各方的强烈抵制。鲜为人知的是，明治初期起义的频率大大高于德川幕府时代。例如，1873—1874年，反对新税制、新学制、征兵制的农民起义此起彼伏；1874—1878年，武士动乱频频爆发。

与中国不同的是，有集中统一的军队、警察作后盾，日本基本上可以做到以断然手段在短期内平息骚乱。近代日本"军国主义之父"山县有朋是陆军的缔造者，在建立第一支常备军的过程中，他已预计到，国家军队的第一项任务就是镇压内乱。以后发生的事情也证明了这一点。当时日本的警察实际上是军队的一个分支，而军队本身不过是一支军事化的警察，其主要任务不是抗击外敌，而是消除内患。明治维新以后农民暴动频发，从 1868年至 1878 年的十年中，共有 185 次之多，有些暴动参与的农民达数万人之多。但这些暴动都被军队与警察迅速平息了。也许对当局挑战更大的是武士动乱，1874—1877 年，这样的动乱至少发生过 30 多起。然而，地方性的武士动乱完全不是新组建的常备军的对手。1874—1878 年的几次规模与影响比较大的武士动乱，短的只持续了一两天，最长的也不过八个月。西南战争是日本历史上的最后一场内战，新组建的常备军大获全胜，彻底结束了武士时代。

国内政局稳定后，日本国力快速提升。1870—1900 年，日本的人均 GDP 从 985 美元上升到 1575 美元（2011 年国际美元），增加了 60%，而同期中国从 751 美元上升到 840 美元，只增加了 12%。有日益增强的国力为基础，日本在 1877 年后的 20 余年逐步废除了与西方列强签订的不平等条约。到 1899 年，日本已经完全废除了治外法权。有学者称日本是"迅速实现了主权"（Rapid Rise to Sovereignty），而中国是"为争取主权苦苦奋斗"（Struggle for Sovereignty）。在与西方列强的博弈过程中，日本人从对手那里学到一样东西：强权即真理。一旦自身强大起来，它便开始效仿西方列强，向外进行殖民扩张，走上了"武力扩张，以战争促发展"的道路。后来，山县有朋在总结日本发展经验时不无得意地说："维新大业成就以来已有 40 余年，细想起来国运的发达主要依靠武备的力量。"就在说这番话的几乎同时，山县有朋提出了日本应该追求的战略目标：霸占中国东北，进而在整个中国谋求"优势地位"。

三、结语

从以上讨论可以看出，东方与西方之间、中国与日本之间之所以会出现大分流，与国家能力有密切的关系。历史上类似的大分流还有一些，国家能力的强弱是重要的解释变量。例如，第二次世界大战结束之后，又出现了一次大分流，即东亚经济体在第三世界长期一枝独秀，出现了几个"小龙"，形成所谓的"东亚奇迹"。

20 世纪 70 年代，当这个奇迹刚刚引起人们注意时，经济学家对此的解释是，日本、韩国、新加坡以及中国台湾和中国香港的成功归功于不受干扰的自由市场。在这些经济学家中，好几位是华人，如香港大学教授陈坤耀断言，在这些经济体中，"国家干预几乎不存在"；耶鲁大学教授费景汉与台湾大学教授郭婉容没有完全否认政府干预的存在，但确信这些经济体中的政府干预比别的地方"少得多"。虽然对东亚完全不了解，米尔顿·弗里德曼也信心满满地声称："马来西亚、新加坡、韩国、中国台湾、日本靠私人市场而蓬勃兴旺。"

然而 20 世纪 80 年代出现了一大批研究证明，在日本、中国台湾、韩国的发展中，政府扮演了十分关键、不可或缺的角色。到 20 世纪 90 年代，连世界银行也校正了自己以前的判断，承认为促进经济发展，这些经济体的政府都"以各种方式进行了系统性的干预"。很明显，能发挥如此巨大作用的政府不可能是一个缺乏基础性国家能力的政府。正如麻省理工学院教授爱丽丝·安士敦所说，韩国的成功"在很大程度上靠的是一个强有力的国家，一个能够将自己政策落实的国家"。不仅韩国是这样，安士敦的推论是："没有一个强有力的中央权威，'落后'国家不太可能实现工业化。"在经济转型过程中，哪怕政府不干预市场，它也必须具备很强的能力，在面对转型中利益受损群体的压力时，能够从容应付，避免打断经济增长的进程。而"落后"国家最缺的，恰恰是强有力的政府。

当东亚经济体与别的国家进行比较时，国家能力的重要性更加凸显。在 2004 年出版的《国家主导的发展》一书中，普林斯顿大学印度裔教授阿图尔·科利比较了四个国家（韩国、印度、巴西、尼日利亚）在 20 世纪下半叶的发展轨迹，"这四个案例显示，在追求经济转型方面，各国的国家能力不尽相同：韩国有一个有效的、促进增长的政府，尼日利亚的政府腐败而无效，巴西与印度的政府处于两个极端之间"。科利的结论是："在发展中世界，创造一个有效的国家一般会先于出现一个生机勃勃的经济。"几年后，他将研究拓展到 31 个经济体，包括很多非洲与拉丁美洲国家，国家能力的关键作用再次得到佐证：以政府机构及其工作人员的质量作为衡量国家能力的指标，国家能力越强，长期经济增长速度越快。

美国布鲁金斯研究所的学者使用了更大的数据库，对 141 个发展中国家或转型国家的国家能力进行了测度，他们同样发现，国家能力越强，经济发展水平越高。

我们之所以在这里不厌其烦地引用多项研究，是为了证明，不管国家能力用什么指标衡量；不管是历史案例，还是现实案例；不管是相同案例的比较，还是差异案例的比较；不管是小样本，还是大样本；不管是定性分析，还是定量分析，其结论指向上完全是一致的：改革开放成功的少、失败的多；经济增长持续的少，短命的多。很多人不假思索地认为，只要下决心进行改革开放，它必定成功；只要坚持改革开放，经济必定持续增长；经济繁荣就是改革开放的结果。当然，不进行改革开放，也许不会出现经济繁荣。我认为，并不是所有的改革开放都能够成功，改革开放的成功有赖于一个有效政府的存在。历史的、跨国的和当代的研究都表明，政治经济体制转型（改革开放）比较顺利、现代经济增长出现比较早的国家都是国家能力增强在先，经济发展随后。这种时间上的前后揭示了逻辑上的关联，也就是说，经济发展很可能不仅仅是改革开放的结果。除了改革开放的方向与举措正确以外，还需要一个有效政府作为前提条件。换句话说，仅有改革开放，没有国家能力的铺垫是不行的。当然，我们也不能反过来说，只要国家能力足够强，不进行改革开放也可以带来经济繁荣。

有效政府只是经济繁荣的一个必要条件，改革开放是经济繁荣的另一个必要条件，改革开放和国家能力的建设与维护是相辅相成的，缺一不可，但两者都不是充分条件。我们对这一点应该有清晰的认识。

为什么对改革开放与经济增长而言，具备基础性国家能力的有效政府是必要的和重要的呢？第一，国家能力比较强，可以为改革开放奠定比较坚实的基础，包括制度保障、人力资本、基础设施等。第二，国家能力比较强，可以为改革开放创造比较有利的内外环境。比如，只有具备一定国力，才能独立自主地制定自己的经济政策。第三，国家能力比较强，可以比较好地把握改革开放的方向和节奏。改革并不是要按照一个速率、朝一个方向走，有时必须绕道走，要调整步伐。国家能力比较强，才有能力调节改革开放造成的损益分配，对利益受损群体进行必要的、适度的补偿，避免社会矛盾激化，防范政治上的风波。

国家能力如此重要，在未来改革开放的道路上，我们一定要且行且珍惜。

中国改革开放 40 年与 新结构经济学 [1]

林毅夫

北京大学新结构经济学研究院院长、北京大学南南合作与
发展学院院长、北京大学国家发展研究院名誉院长

---

[1] 本文系林毅夫教授在"国情讲坛"第二十一讲的文字记录稿，2018 年 12
月 19 日。

一、为什么隔几年就有一次"中国经济崩溃论"

中国改革开放 40 年的发展，回顾起来确实是奇迹。但对一名经济学家来讲是一个很大的谜题。40 年来中国经济快速稳定发展，可是隔几年就会有一次"中国崩溃论"，不仅国际媒体这么讲，不少非常有地位的著名经济学家也认为中国经济维持不下去了，快崩溃了。然而，中国是过去 40 年中唯一没有出现过系统金融、经济危机的新兴市场经济体。而且，当其他国家、地区出现危机的时候，中国发挥了稳定的作用。

既然中国的经济是快速稳定发展的，是人类经济史上不曾有过的奇迹，并且对其他国家和地区作出这么大贡献，为什么隔几年就有一次"中国经济崩溃论"呢？1978 年底开始，中国在社会主义国家中率先改革开放，但中国不是唯一的转型中国家。进入 20 世纪八九十年代，所有的社会主义国家都在转型，都在从计划经济向市场经济转型，要解决的问题和转型的目标同中国一样。当时整个经济学界有一个共识：政府主导的经济或者计划经济存在政府干预、扭曲，政府失灵无处不在，要向市场经济转型的话，必须按照当时盛行的"华盛顿共识"，一次性地把市场经济应该有的制度安排全部一步到位地建立起来。

第一个条件就是"市场化"，让市场竞争决定各种价格水平，然后由价格引导资源配置。这些国家在转型之前，普遍是政府定价，要让市场发挥资源配置的功能，价格必须由竞争市场中的供给和需求决定，并且按照价格引导资源配置。

第二个条件是"私有化"。如果一国经济中的企业普遍是国有的，市场价格就会失掉资源配置的功能。因为如果是国有企业，当生产的产品价格提高了，企业不见得会有积极性多生产，因为多赚的钱是归国家所有的，而不是企业的厂长、经理的，也不是工人的；同时，如果投入要素价格上涨了，国有企业也不会有积极性节约使用，因为亏本没有关系，政府会给补贴，何必劳心劳力节约呢？所以，当时的看法是只要企业是国有的，市场的价格信号就会失掉资源配置的功能。

第三个条件是"稳定化"。在价格大幅涨跌时，价格信号对资源配置的作用会降低，如果涨价，可能引起囤积居奇，大幅降价则可能引起恐慌性抛售。价格要实现配置资源的作用，必须是相对稳定的。怎样才能让价格稳定呢？政府不能有财政赤字，如果政府有财政赤字，最后一定会把赤字货币化，赤字货币化以后就会有高通货膨胀，这样市场机制也会失去作用。

这些理论一环扣一环，非常严谨且有说服力。在经济学界有一个笑话，你拿一个问题问五个经济学家，他们会给你六种答案，每个人都讲得头头是道，但谁也不能说服其他人，大家都认为自己的答案是对的。

1992 年，当时的世界银行首席经济学家萨默斯写了一篇文章：对于社会主义计划经济如何向市场经济转型，整个学术界有一个共识，就是必须以"休克疗法"把"华盛顿共识"的市场化、私有化、稳定化同时落实到位，才能完成向市场经济的转型。

中国没有按照"华盛顿共识"的办法做，而是推行从 1978 年以来的"老人老办法、新人新办法"。在转型期，一方面对老的国有企业，继续给予保护补贴；另一方面，放开一些民营劳动密集型产业的进入。于是，在中国这种"渐进双轨式"改革中计划和市场同时发挥作用。

20 世纪 80 年代末 90 年代初还有一个普遍的看法，认为"渐进双轨制"既保持政府对市场的干预扭曲又放开市场，是最糟糕的转型方式，而且这样的经济体会比计划经济时还糟。如果政府继续对价格信号和资源配置进行干预，就会创造租金，有租金就会有寻租行为，就会有腐败，进而导致收入分配不公平。美国几位非常有名的经济学家，在世界顶级的《经济学季刊》上，用理论模型证明了中国这种"渐进双轨式"改革是最糟糕的方式，甚至比原来的计划经济更糟糕。因为计划经济顶多就是没有效率，贪污腐败问题少，而渐进双轨会导致腐败的普遍化、收入差距的扩大化。

果不其然，他们讲的这些问题，在中国转型过程中都出现了。20 世纪 80 年代最时兴的职业是什么？"倒爷"。因为当时既有计划价格、计划物资，也有市场价格、市场物资，就有很多人去倒计划配置，转手之间赚取很大的利差。为了倒这些批件，就要贿赂政府官员，所以腐败现象出现了，收入分配的差距扩大了。

这加深了西方认为中国政府的转型方式是最糟糕的转型方

式的看法。但他们也无法否认，1978 年以后，中国经济快速增长，市场物资不断丰富。如何解释中国的经济增长呢？当时认为，无非就是把农村剩余劳动力转到城市变成制造业劳动力，出现了效率的提升。因此，只要中国经济增长速度一慢下来，他们就会说果不其然，中国经济要崩溃了，因为他们早就说过中国经济转型这套方式不行。

二、按照"休克疗法"转型的国家结果如何

按照"休克疗法"去做的国家，又怎么样了呢？它们普遍出现经济崩溃、停滞，危机不断，并且经济发展速度比 20 世纪六七十年代还要低，危机爆发频率还要高。不仅如此，中国出现的腐败、收入分配等问题，它们也普遍存在，而且更严重。

在转型过程中，表现好的经济体非常少，其中包括越南、柬埔寨推行的是类似中国的"渐进双轨制"；在东欧国家中，表现最好的是波兰和斯洛文尼亚，它们也没有完全按照"休克疗法"做，大型国有企业都没有私有化。苏联解体后，原来的国家崩溃得非常厉害，下降了 40%—50%，其中两个表现最好的是乌兹别克斯坦和白俄罗斯。"渐进双轨制"在当时被认为是最糟糕的转型方式，但事后来看，表现好的都是采取这种转型方式的。而按照当时认为最好的转型方式做，理论上说得一清二楚，逻辑上一环扣一环，很令人信服，却普遍崩溃停滞、危机不断，经济比转型前还要差。

三、发展经济学："结构主义"的失灵

发展问题也一样。工业革命以后，世界出现了"大分流"，有一小部分国家变成先进的现代化发达国家，其他的发展中国家普遍沦为发达国家的殖民地或者半殖民地。第一次世界大战时，民族主义风起云涌；第二次世界大战以后，这些发展中国家纷纷摆脱殖民地半殖民地的地位，开始在自己政府的领导下追求工业化现代化。为了适应发展中国家的需要，现代经济学出现了一个新的分支——发展经济学，给发展中国家实现工业化、现代化提供理论指导。

第一代发展经济学，学界现在把它称为结构主义发展理论（结构主义发展经济学）。第二次世界大战以后，这些摆脱殖民地半殖民地地位的发展中国家，在现代化的过程中追求的目标非常明确，就是民富、国强。

怎么实现民富、国强呢？从民富来看，必须让工人的劳动生产率水平达到和发达国家同样的水平，工资收入水平才有办法达到和发达国家一样的水平。前提条件就是必须拥有和发达国家一样先进的现代化，当时是资本密集的大工业。没有这些先进的大工业，就不可能有很高的劳动生产率水平去支撑很高的收入和生活水平。从国强来看，必须有很强的国防实力，国防实力依靠军事工业，当时的军事工业同样是最先进的资本密集的大产业。

因此，第二次世界大战之后，发展经济学想帮助发展中国家发展先进的现代化的资本密集的大产业。这些大产业在市场中自

发发展不起来。当时的认识是发展中国家普遍存在市场失灵，为什么市场会失灵呢？因为它们当时都是农业经济国家，继承了很多农业社会的生活习惯、价值体系、生活方式，储蓄率低、缺乏投资意愿、没有现代化思维等。这些"结构性"因素造成发展中国家市场失灵，没有办法积累资本，并把资本配置到现代化的大产业。所以，第一代发展经济学被称为结构主义发展理论。

结构主义发展理论提出的政策处方是：由于发展中国家市场失灵，无法由市场配置发展大产业，那么自然必须用政府干预、政府主导的方式，发展现代化的大产业。当时推行的政策，后来一般称为进口替代战略。这个理论听起来很有道理，但是，在进口替代战略的政策引导下，发展中国家普遍出现的状况是什么？起初会有几年的经济快速增长，但把现代化大产业建立起来以后，经济效率非常低，接着就是停滞、各种危机，和发达国家之间的差距不仅没有缩小，反而扩大。

从"亚洲四小龙"等几个成功的发展中经济体来看，它们都有一个共同的特色，其发展政策从当时的主流理论来看是错误的。除了与西欧本来就差距不大的国家，如西班牙、葡萄牙或者石油生产国，这些东亚经济体在 20 世纪五六十年代一直到 70 年代，发展的主要是传统的劳动力密集的小规模制造业，而不是结构主义发展理论所主张的大规模、现代化、先进的资本密集型产业。当时东亚推行的不是进口替代战略，而是出口导向的战略。从结构主义发展理论来看，这是一个非常笨、非常不可思议的发展路径，因为发达国家的产业那么先进，生产率水平那么高，发展中国家发展传统的劳动力密集型的小规模的生产率水平很低的制造业，怎么能赶上发达国家？但事实证明，后来真正赶上的只有那几个，结构主义发展理论的政策被认为是错误的。

20 世纪 80 年代中国开始转型的时候，计划经济效率为什么那么低？因为政府扭曲干预太多，政府有扭曲、有干预，就会有资源错误配置，效率自然低。新自由主义经济学及其政策处方"华盛顿共识"认为，计划经济发展不好是因为政府失灵，这个看法很有说服力。但是，按"华盛顿共识"的处方推行的结果跟理论预期不一样。实际上，现在几个转型期维持稳定和快速发展的国家，都采用了"双轨渐进"这种当时认为的最糟糕的转型方式。

为什么上述理论可以把发展中国家的问题或者转型中国家的问题讲得一清二楚，可是按照那些理论的处方去做基本上都失败了？问题出在什么地方？问题在于它们老是以发达国家作参照系，老是看发达国家有什么、发展中国家缺什么，就建议发展中国家去拥有发达国家拥有的，或者看发展中国家什么东西做不好，发达国家什么东西能做好，就建议发展中国家按照发达国家那样去做。这样的出发点很好，但是，从改造世界的角度来看却失败了。我主张"唯成乃真知"，如果来自发达国家的理论无法帮助我们改造好世界，就不是真正帮助我们认识世界的理论。我们就需要自己去认识现象，提出新的理论——能够改造好世界的理论。

当研究发展问题的时候，要研究发展的本质是什么，它的决定因素是什么。而不是研究发达国家有什么、能做好什么，以此为标准来看发展中国家缺什么、什么做不好，然后建议发展中国家拥有发达国家拥有的，做发达国家能做好的。

发展的本质是什么？是收入水平的不断提高。收入水平不断提高的前提是什么呢？是劳动生产率水平不断提高。怎样才能提高劳动生产率水平呢？就是现有的产业必须不断进行技术创新，新的附加价值更高的产业必须不断涌现。任何国家早期都是贫穷的，那时都以农业为生，采用传统技术，因此农业必须逐步采用现代化技术。但只在农业领域进行技术创新也不行，农产品的价格弹性低，会出现增产不增收的问题，所以必须有新的附加价值更高的非农产业制造业不断涌现，能够把劳动、土地、资本从农业配置到非农产业，这是一种产业技术结构的不断演变。并且随着现代技术、现代产业的投资规模、生产规模越来越大，风险也越来越大，相应的电力设施、道路、港口等硬的基础设施，以及金融等软的制度安排，也必须不断建立、完善起来。进而随着交易的范围越来越广、交易的价值越来越高，还必须有合同，必须有合同的执行，这就要求法律、法制的不断完善。因此，经济发展过程实际上是这样一个结构变迁的过程，这正是现代经济发展的本质。

四、新结构经济学的提出

我主张用现代经济学的方式来研究发展问题，研究结构和结构变迁的决定因素和影响。按理说应该叫结构经济学，正如用现代经济学的方式研究农业就叫农业经济学，研究金融就叫金融经济学。为什么叫新结构经济学？因为第一代的发展理论是结构主义发展理论，为了区别于结构主义发展理论，所以叫新结构经济学。类似的命名方式，在现代经济学中也有先例。20 世纪 60 年代，诺斯开始主张用现代经济学的方式来研究制度和制度变迁，按理说应该叫制度经济学，但现在大家都称之为新制度经济学，因为 19 世纪末 20 世纪初美国经济学界有一个制度学派，为了区别于制度学派就叫新制度经济学。

新结构经济学要研究一个国家在经济发展过程中产业技术、硬的基础设施、软的制度安排等结构的决定因素是什么，什么因素推动上述结构的不断变迁？发达国家产业结构的水平非常高，资本很密集，技术很先进。发展中国家的产业通常是自然资源比较密集的资源产业，或者是劳动力比较密集的传统农业、制造业。为什么会有这种结构差异呢？这种结构差异是外生的，还是有内生原因呢？仔细想想，这是一种内生现象。发达国家为什么一定要发展资本密集的产业？因为资本相对丰富，劳动力相对少，资本价格相对低，劳动力价格相对高，在这种情况下，有比较优势的就是资本密集型产业。反过来看发展中国家，为什么在政府没有干预之前，看不到资本密集型产业，产业不是劳动力密集的农业和小规模制造业，就是自然资源密集型产业，因为在要素禀赋结构中资本极端短缺，劳动力和自然资源相对丰富。这是由发展中国家的比较优势决定的。由于要素禀赋在每个时间节点上是一定的，不同发展程度的国家的相对丰富程度是不一样的，这就决定了在不同发展程度的国家哪些产业有比较优势，有比较优势才能形成竞争优势。

发展经济学追求的是收入水平不断提高，产业结构逐渐从劳动力密集型向资本密集型转移，或者从资源密集型向资本密集型转移。既然每个时间节点的产业结构都是由要素禀赋结构决定的，那么改变产业结构、改变收入水平的前提是什么？就是要改变要素禀赋结构。怎样从资本极端短缺、劳动力相对丰富或者自然资源相对丰富，变成资本相对丰富、劳动力相对短缺或者自然资源相对短缺？

从新结构经济学的视角来看，应该增加资本积累。怎样才能增加资本积累？最好的方式就是按照每个时间节点的要素禀赋结构所决定的比较优势选择产业和技术。因为如果按照比较优势选择产业和技术，就可以有最低的要素生产成本，如果有合适的硬的基础设施和软的制度安排的话，交易费用也很低，这样比较优势就会变成竞争优势，有了竞争优势就可以最大限度地创造利润、创造剩余。并且，投资在具有比较优势的产业会有最高的回报率，积累的意愿会最高，资本增加、要素禀赋结构提升和比较优势升级的速度会最快。

按照比较优势发展经济，这是经济学家的语言。企业家不关心比较优势，企业家只关心利润，利润取决于产品和要素的价格。

如果让企业家自发地按照要素禀赋结构所决定的比较优势选择产业和技术，必须有一个制度前提，就是必须有一个竞争性市场。靠市场竞争决定各种要素的相对稀缺性，引导企业家按照比较优势选择产业和技术，所以市场经济非常重要，这是毫无疑问的。

但我们研究的是经济的动态变化，在产业升级、技术创新的动态变化的过程中，首先必须有先行的企业。先行的企业的成败都会有外部性，会比追随的企业冒更大的风险，因此必须给予激励。先行企业能否成功，取决于经济中是否具备合适的软硬的基础设施，这些合适的软硬基础设施，不是企业家自己能提供的。如果靠市场来解决，需要很长时间，或是根本不可能。因此，必须有一个有为的政府，来克服在经济动态发展过程中必然会出现的外部性、完善软硬基础设施，克服市场失灵。

所以，发展良好的经济，要有两个制度前提：一个是竞争的有效市场，一个是克服市场失灵的有为政府。在此我也说明一下，很多人误认为新结构经济学只强调政府、不重视市场，其实新结构经济学是先强调市场的重要性，然后指出在动态变化的过程中有很多市场解决不了的问题，所以也要有一个有为的政府，是强调政府和市场的有机结合，既要有市场也要有政府，两者缺一不可。

五、从新结构经济学看结构主义发展理论与"华盛顿共识"的失败

从新结构经济学的角度来看，结构主义发展理论为什么失败

就很清楚了。结构主义发展理论之所以失败，是因为没有认识到产业结构是内生的、取决于要素禀赋结构的。让一个收入水平很低、资本短缺、一穷二白的农业经济，去发展现代化资本密集的产业是没有比较优势的。如果没有比较优势，企业在竞争的市场中就会亏损，就不会积极发展。所以，结构主义发展理论认为的市场失灵实际上并不是市场失灵，而是这种产业在市场经济中根本活不了，没有认识到产业结构的内生性。东亚经济为什么成功呢？因为东亚经济的发展正好遵循了比较优势的原则。发展早期资本少、劳动力相对多，东亚经济体先发展劳动力密集型产业，同时东亚经济体的政府都是积极有为的，正好克服一些前进过程中的市场失灵。按照比较优势发展，产品可以出口到国外，所以变成了外向型经济。按照比较优势，政府又发挥积极有为的作用，改善软硬基础设施以降低交易费用，就会有竞争力，有竞争力就会积累资本，改变比较优势，产业结构就会不断升级。

从新结构经济学的角度来看，也就不难理解"华盛顿共识"为什么会失败，而且败得这么惨。对于转型之前的那些扭曲，包括政府对市场的干预、对价格形成的扭曲以及对大型企业的国有化，这种扭曲都是为了把那些资本密集的没有比较优势的产业发展起来的必要制度安排。华盛顿共识没有认识到这一点，没有看到这些扭曲的内生性，认为干预都是外生的，可以随意改掉。但在那些资本密集的现代化产业，企业没有自生能力，没有这些保护补贴就活不了；如果把这种干预扭曲都取消掉，企业就全部垮了。这些企业垮了，可不可以接受？垮的话就会有很多人失业，带来社会不稳定、政治不稳定，没有社会稳定、政治稳定怎么发展经济？而且这与国家安全有关。如果没有资本密集、先进的重工业，能生产飞机吗？能生产航空母舰吗？能生产原子弹、火箭吗？不能。

为了国家安全，这些资本密集的、与军事工业相关的产业，即使私有化以后也不能让它垮，但现实是，不补贴企业生存不了。当时我提出了一个概念叫作政策性负担，事实上这些产业都有战略性政策性负担。如果所在的产业违反比较优势，却是国家战略需要的，有此政策性负担，不给保护补贴就活不了的情况下，到底是在国有的时候给的保护补贴多？还是私有的时候给的保护补贴多？当时我的推论是：国有的时候给的保护补贴比私有的时候给的保护补贴少。

很多人说国有企业没有效率，直接民营化就好。我说，如果是在竞争性行业也许有道理，在自然垄断行业或者违反比较优势但与国家安全相关，这种资本密集的产业存在战略性政策性负担，其实私有化以后效率更低。20 世纪 90 年代的争论只是逻辑推论，现在则有了大量的实证研究，包括世界银行、欧洲开发银行以及东欧、苏联的经济学家，都给出了大量实证研究予以证明。我 2015 年发表过一篇以新结构经济学的视角反思"华盛顿共识"的文章，可能是近几年引用率最高的，其中引用了大量的实证研究的结果。遗憾的是，中国很多经济学家对实证经验的证据不太在乎，只是看到国有企业没有效率，认为私有化就好。但实际上私有化以后，给的补贴更多，从而导致腐败现象更严重，收入差距问题更严重。

六、新结构经济学与中国发展之路

新结构经济学用现代经济学的方式研究结构和结构扭曲的问题，这给现代经济学的分析与马克思主义经济学的分析之间搭建了一座桥梁。马克思主义一个很重要的观点就是历史唯物主义，经济基础决定上层建筑，上层建筑反作用于经济基础。这一认识是从人类的历史规律总结出来的，但怎么运用于现代社会呢？在现代经济中，经济基础决定上层建筑、上层建筑反作用于经济基础怎么表现？新结构经济学分析找到了一个纽带、一座桥梁。马克思讲的经济基础是什么？是生产力和生产力所决定的生产关系，这样一个经济基础决定上层建筑。什么决定生产力？马克思是从长远的历史发展来看的。而在现代产业中，生产力实际上取决于这个社会中具有比较优势的产业和技术。如果具有比较优势的产业是资本密集型，那么生产力水平就高；如果具有比较优势的产业是劳动力密集型或者是自然资源密集型，那么生产力水平就低。

这种要素禀赋结构，不仅决定了生产力水平，而且决定了生产关系。在生产力水平低的状况下，工资水平就低，工人和农民距离生存线就非常近，有工作才能生存，没有工作就无法生存。

因为生产力水平低的时候，工资所得基本都被消耗了，没有积累，有工作就能活，没有工作就不能活。劳动者跟地主或资本家谈判，没有谈判能力。地主和资本家相对比较富有，距离生存线较远，即使工人都不工作，地主和资本家会有损失但不会活不了，可是工人没有工作就活不了。在这种状况下，工人和农民在谈判中处于不利地位，生活和待遇等水平就会很低。随着资本的不断积累，产业的资本和技术越来越密集，劳动生产率水平越来越高，工资水平也越来越高。

因此，作为经济基础的生产关系取决于生产力水平，后者取决于要素禀赋结构水平。而且，要素禀赋结构也会经由决定产业、技术结构而决定合适的上层建筑。合适的上层建筑有很多方面，我以金融为例。金融是当前最热门的专业之一，每个大学都是金融专业最难考。现在教科书里讨论的金融都是现代金融，股票市场、风险资本、公司债券、大银行，这些都是现代化的金融安排。但金融教科书讨论的都是发达国家产业结构所需要的金融安排，发达国家要素禀赋结构水平高，产业和技术的资本非常密集，资本的投入都非常大，所以金融安排必须能够动员大量资本。发达国家的经济要发展，必须依托技术的不断创新、产业的不断升级。可是其技术和产业都处于全世界最前沿，发展中国家如果要技术创新、产业升级就必须自己发明，风险非常大，所以在金融上必须有能够分散风险的制度安排。所以，金融教科书中所讨论的现代金融，都是适合发达国家实体经济需要的。

发展中国家有 70% 的劳动力都是在传统农业、制造业和服务业，企业的形态以小农户或者微型小型的制造业、服务业为主，资本需求并没有那么大。所有的行业相对都是成熟的，采用的技术也绝大多数是相对成熟的技术，整个生产中比重很大的小规模农户、小规模服务业和制造业，资本需求量非常少。金融应该服务于实体经济，可是实体经济的特性不一样的话，相应的制度安排和金融法律法规也应该不一样。因此，马克思所说的经济基础决定上层建筑是对的。问题是，不同的经济基础相对应的金融管理、金融体制也应该不一样。这也是上层建筑的一部分，应该怎么调整，新结构经济学找到了一个相应的分析方式，让我们知道在不同发展程度的国家中，金融、法律、法规应该怎样安排才能更好地服务于实体经济。

我可以再举一个例子，如财政。公共财政是现代经济学很重要的一个分支，也是研究经济运行的。公共财政有一个很重要的课题，就是政府要不要进行反周期的干预？如果按照凯恩斯主义，经济周期下滑的时候，应该用积极的财政政策去投资、去创造就业机会，让经济得以恢复。理性预期学派认为，这种反周期的作用是无效的，因为如果反周期地干预，虽然政府投资创造了就业，但政府的财政赤字会增加，赤字增加以后政府的税收要增加。一般人是理性的，会有"李嘉图等价"，也就是即使现在有工作有收入，预期将来税收要增加，为了让生活平滑，现在必须储蓄以应付未来税收的增加。造成政府的公共支出增加，但储蓄率增加，总需求不增加，最终仍然不能走出危机，而只是增加政府的财政赤字。所以理性预期派反对采用反周期的积极财政政策，这些观点在国外很有影响力，在国内也有很多支持者。

从新结构经济学的角度来看，上述理性预期学派的观点也许在发达国家有一定的道理，但在发展中国家则不见得对。在经济发展过程中需要不断完善基础设施，完善基础设施主要靠政府，因为存在很多外部性问题。政府什么时候做基础设施最好？在经济下滑的时候。因为经济下滑的时候，做基础设施会创造就业，还能够消除经济增长的瓶颈，将来经济恢复以后，整个生产率水平都会提高，进而带来政府税收的增加，并且可以用未来的税收偿还现在政府赤字的增加。在这种情况下，就可以避免反对凯恩斯主义的所谓"李嘉图等价"。

这种可能性在发达国家和发展中国家不一样。因为发达国家普遍拥有基础设施，顶多就是比较老旧。在经济下滑的时期改造比较老旧的基础设施，就像挖个洞、补个洞，效率提高有限。可能漂亮一点，但是没有提高效率，不提高效率将来就不能增加政府财政税收。可是在发展中国家，基础设施的瓶颈到处都有，消除基础设施的瓶颈什么时候最好呢？当经济很热的时候去做，经济会更加过热，相当于火上添油。而当经济下滑的时候去做，就可以把周期理论和增长理论结合在一起，这就是新结构经济学所提出的"超越凯恩斯主义"。

总的来说，从中国改革开放的发展和经验来看，目前的主流经济学理论用于发展中国家，基本上不能避免"淮南为橘，淮北为枳"的问题。这些主流理论好像可以把问题讲得很清楚，但真正那样去做，由于条件不一样，一般解决不了问题，有时候反而会把问题弄得更大。究其原因，是发达国家的理论总结于发达国家的经验，理论模型自觉不自觉地把发达国家的条件作为理论前提。这就需要我们自己总结发展中国家的现象，进行理论创新。

中国改革开放 40 年所取得的成绩是人类经济史上的奇迹，所谓奇迹就是不能用现有的理论解释，但是，成功一定有道理，这是我们进行理论创新最好的机会。只有我们自己进行理论创新，从自身的实践经验中了解成败背后的道理，所提出的理论创新才会对下一步的发展、要解决的问题提供比较好的参考。这就是习近平总书记在庆祝改革开放 40 周年大会上的讲话中所谈到的"不断推进实践基础上的理论创新"。

2016 年 5 月 17 日，习近平总书记在哲学社会科学工作座谈会上谈道：这是一个需要理论而且一定能够产生理论的时代，这是一个需要思想而且一定能够产生思想的时代。我们不能辜负了这个时代。有幸作为这个时代的知识分子，我参与见证了改革开放 40 年的奇迹，推动新结构经济学的理论探索，就是不想辜负这个时代。这个时代是我们大家共有的，所以我也非常期盼我们一起抓住这个时代给予的进行理论创新的机遇。让我们为实现认识世界和改造世界的统一而努力，让我们一起互勉，不辜负这个时代！

改革开放 40 年
经济学总结 ①

李稻葵

清华大学经济管理学院教授、清华大学中国经济思想与
实践研究院院长、清华大学苏世民书院创始院长

---

① 本文系李稻葵教授在"国情讲坛"第十三讲的文字记录稿，2018 年 11 月
14 日。

今天，我想与大家交流的问题是改革开放 40 年经济学总结。为什么要从经济学层面总结改革开放 40 年呢？如何从经济学层面总结改革开放 40 年呢？改革开放 40 年的经验怎么探讨呢？如何从改革开放 40 年看我国经济学的学科发展？我坚定地认为，这个话题对经济学圈之外的朋友们有重要意义，对进一步改革开放也有重要意义。

一、改革开放的历史性成就

我们先回顾一下改革开放的历史性成就。

首先，我们看一下中国经济在世界上的比重。在我们之前有人做过这方面的研究，是一个英国人，替经济合作与发展组织作了一个报告，他认为中国经济在世界经济中的比重经历过两个高峰，一次是 1600 年。1600 年是明末。第二次高峰期是 1820 年，中国的 GDP 占全球的 20% 左右。1820 年后其他国家推广工业革命，中国经济的比重在全球经济中断崖性下降。当然，改革开放之后有了历史性的恢复，从 5% 恢复到今天的 15%，如果按照购买力平价的话能够达到到 20% 甚至 25% 左右。

这是麦迪逊的研究，大家反复引用。我们认为这个结论有问题，所以花了 13 年时间，专门查历史上的粮食产量、生铁产量、铜产量、纸张产量、煤炭产量等，得出的结论跟麦迪逊的完全不一样。他去世前我们跟他有很多电子邮件联系。他说，他是假设人均 GDP 是多少，然后乘以人口，他在欧洲不可能查那么多历史资料。

重新计算后，我们发现历史上中国经济只有一次高峰，就是 1600 年。明末我国的经济总量占全球的将近 38%，从此以后中国经济在全球中的比重逐步下滑，1820 年断崖式下降。因此，我们今天见证的中国经济的崛起是 400 多年以来的第一次，不是清朝鼎盛时期以来的恢复，是过去 400 多年以来的第一次。所以，实事求是地说，我们今天所见证的确实是中华民族的伟大复兴。我们还发现 1700 年之后就下降了，还发现中国的人均 GDP 从明末开始逐步下降而不是上升，因为人口的上升速度远远超过资本和土地的扩张速度。

改革开放以来中国经济占全球经济的比重，按照市场汇率计算，1980 年为 2%，21 世纪初为 10%，现在是 15%。工业革命后，英国经济占全球经济的比重始终在 4% 以下，工业革命前更低，是 0.5% 左右。所以，中国经济崛起如果纯粹按经济比重而言，比当年英国工业革命的意义更大。

我们还把中国和德国进行了比较，和美国的经济起飞进行了比较，发现中国的崛起比美国当时的崛起平稳多了。美国经济增长波动非常大，好的时候增速能够达到将近 15%，不好的时候增速是 -8%，而中国改革开放以来经济增长速度比较平稳。我们还把中国和苏联最好的时期进行比较，和韩国、新加坡、台湾地区进行比较。总的来说，中国改革开放 40 年经济占全球比重的增长速度在历史上是没有先例的，同时经济增长速度是相对比较平稳的。

从历史角度看，各国都有巨大的波动。中国相对比较稳定，都是在正增长，波幅比其他国家低。我们作了更多细致的统计分析，物质产品的总量在全球占的比重也非常大，钢铁占 45% 左右，水泥占 65%，家电占 30%，工业设备工业机床工作母机世界第一，汽车包括卡车和轿车大概是全球的 1/3 左右。

我们个体的自由度也是迅速扩张的。经济发展的最终目标是什么呢？无非是每个人都能够得到自由的发展，所以改革开放 40 年来经济自由度大幅度上升。我从清华大学毕业的时候是 1985 年，要分配工作，不服从分配要受到纪律的处分。现在可能有些人羡慕我们那个时候分配工作，可是你有没有想过分配到一个你不喜欢的工作很痛苦。现在人有择业的自由，市场交易的自由度也有。现在经济交易大幅度自由化，资产的拥有程度也大幅提高，我们 300 万亿元的房地产资产由百姓拥有，这在改革开放初期是不可想象的。

市场经济思想深入人心。现在的问题是我们还要加深对市场经济的认识。我们已经深度融入世界体系，这是改革开放的历史性成就。

二、为什么要从经济学层面总结改革开放 40 年

为什么要从经济学层面总结改革开放的经验呢？

第一，我们必须认识到，改革开放 40 年后的今天，世界格局正在发生深刻变化。这个变化最根本的一条就是美国的统治力

相对下降，美国之外以中国为代表的一系列国家的相对参与度和影响力在上升。

美国到目前为止可以说是拥有了上一个世纪，上一个世纪称为美国世纪一点不为过。1894 年，美国工业产值超过英国，但美国没有做好当世界领袖的准备，毕竟美国是一个大陆型国家，三面环海，自给自主，自然条件非常好，美国的国民性用中国的话叫"小国寡民"。美国的国民性不是 1776 年独立时形成的，而是 1620 年"五月花号"9 月从英国启航 11 月到达波士顿普利茅斯港口时形成的。这批人是清教徒，在英国受迫害，想寻求一个新的世界，寻求一个按照自己的理想创造的世界，笃信上帝，要与世无争，只对上帝虔诚，这就是美国的国民性。我们习惯的美国国际主义是 1945 年之后才形成的，它的特点是东西海岸精英组织的。

第二，世界格局变化。新兴市场国家正在崛起，经济实力大为增强。以中国为代表，印度现在也开始了，而且这些国家金融深化了，以自己的货币发债了，很多国家不用美元发债，用自己的货币发债，对美元依赖度已经下降了。如果 20 年前美联储像今天这样连续八次加息，而且要降低自己的流动性，开始把国债卖出去、把现金收回，那新兴市场国家肯定倒霉。但到目前为止，只有阿根廷、委内瑞拉、印度尼西亚稍微受点影响，总体上影响不太大，为什么？新兴市场国家可以发自己的债了，和以前形势不一样了。

格局在变化，我们要讲清楚自己的实践，讲清楚自己的理论。世界贸易组织的机制已经瘫痪了，国际货币基金组织的权威度和能力都相对下降了，世界银行的作用也在下降。所以我说世界经济和贸易正在形成三大集团：一个是北美，包括墨西哥、加拿大，一个是欧洲，德国是中心；一个是中国，这三个集团在逐步形成。

一是应对国际格局。这个格局下必须讲清楚中国的模式是什么，中国的道理是什么，要把理论讲出来。

二是要为世界贡献中国智慧。我们必须用国际通用的语言解释中国的实践，要提炼出具有普遍意义的、操作层面可复制的经济学理论。

第三，民族主义情绪高涨，像匈牙利、波兰、捷克，我把它们归为新兴市场国家。这些国家现在与中国感情很好，它们骨子里对美国不满。

第四，一些发达国家也发生了变化，比如，德国的经济如日中天，德国在崛起。

三、如何从经济学层面总结改革开放 40 年

第一，必须厘清成功的经验和失败的教训，不能眉毛胡子一把抓，把失败的教训当成经验，要实事求是，要做大量实证工作，搞清楚哪些是对的。要搞案例调研，要有反事实推断。还要厘清过渡性安排和稳定的制度安排，不能把过渡性的东西当作永远的。

　　第二，要有比较宽阔的国际视野，国外以及历史上是怎么做的，中国是怎么做的，中国与它们有何不同。

　　第三，评判标准。我个人认为，国际上的教科书会不会因为中国的经济实践和我们的理论而适当地改变，这是最终的标准。

　　2008 年世界金融危机爆发的时候，哈佛大学教授曼昆在讲经济学原理的时候学生罢课，说你讲的事和窗户外面发生的事一点关系都没有。还有人说上他的课感觉非常尴尬，好像还没有工程系的学生解释得清楚，人家比你解释得清楚，我上了你的课反而解释不清楚了。英国主流经济学家已经发起一场运动，要重新编写教科书，而且英国财政部居然出钱支持。所以我说的事不是天方夜谭，是正在发生的事。我们不能抱着过去二三十年美国的教科书，说你说的不对，美国这是金科玉律，是改变不了的，这不是实事求是的态度。这是不了解西方，真正了解西方要知道它想什么，正在产生什么变化，为什么变化。

四、改革开放 40 年经济学总结之初探

　　有四件事情经过分析，在中国有普遍性。

　　第一件是经济要发展必须帮助新企业的创立，尤其是要调动地方政府积极性。怎么调动呢？不光是搞锦标赛，有一条非常重要，要多搞点短期内间接税。也就是说，税收直接来自企业，不要主要对百姓收个人所得税。我们要适当对企业收税，而且这个税是交给基层政府的，这样基层政府才有积极性帮助企业解决各

种各样的问题。

第二件是宏观调控。改革开放这么多年，宏观调控怎么使用？中国的宏观调控分两大类，经济过热的时候一定要强制性削减项目，通过经济手段甚至行政手段压缩重复建设的一些项目，这方面中国有很多经验。

第三件是有管理的开放。中国的开放是政府有超前意识的开放，学习是我们对外开放的重要经验。

第四件是关键市场的培育。重点是两个，一个是房地产市场，从无到有，1990 年开始，到今天搞出了 300 多万亿元的资产。这有政府重点扶持的，早年土地的使用权怎么转让，比国外效率高。一个是金融市场，金融市场也是政府重点培育的，很早的时候，一边搞实体经济，一边搞金融。

五、从改革开放 40 年到中国经济学学科发展

我们现在面临新使命，需要把实践总结好，变成可复制的经验介绍给西方。

怎么做好这个工作呢？

第一，从认识论出发，所有的经济学理论必须来自实践，不能凭空想象，必须面向实践。

第二，从经济史和经济思想史这个大脉络中梳理出一些经验。要回顾一下过去近 300 年经济史和经济思想史发展的基本规律，好好梳理，对照中国现实作一些思考。我想把英国工业革命

和亚当·斯密的理论作比较，英国工业革命之后的经济实践和亚当·斯密的理论作比较，英国工业革命前后，还有英国工业革命之后和马克思主义、马克思经济思想作对照，再把德国、意大利经济崛起和当时它们的经济思想作对照，把奥匈帝国的没落和奥地利学派作联系，把美国经济崛起和当时美国经济思想作对照，最后是日本经济崛起和当时的经济思想。我们来梳理一下。

英国经济发展早期，政府干预相对比较少，但英国政府帮助当时的资本所有者办了很多事，包括圈地运动。当时的经济学论文，大卫·李嘉图、亚当·斯密等人的论文，讨论的核心是什么呢？土地问题。当时政府实际上在帮新兴的资产阶级。英国殖民扩张，输出贸易与资本，国家强大，工业品有竞争力，进行资本输出。但同时有经济危机，几乎每七八年发生一次金融危机，经济危机主要是从金融开始的，而且工人贫困。

马克思《资本论》中有大量篇幅记录工人阶级的生存状况，书里大量的工作是实证工作，是细而又细的。马克思查阅了大量的英国监狱的记录，查阅了国会的记录，查阅了英国的监狱营养水平和一些工厂的营养水平，发现很多工厂的营养水平还不如监狱水平。他认为工人太惨了，所以才有后来的理论。英国的历史使大卫·李嘉图替资本家讲话，认为经济发展得靠资本，进而产生了后来的马克思批判资本主义，为工人讲话。马克思说得很明白，政治经济学是替工人说话的经济学，经济实践和经济思想是配套的。马克思说，经济危机确实是每七八年发生一次。英国的贸易政策开始是保护的，如造船业，亚当·斯密时代英国对造船业是保护的，英国规定所有搞国际贸易的英国公司必须用英国制造的轮船。为什么？如果没有这一条规定，英国造船业就输给了荷兰，英国的军舰就造不出来了。但到了 1849 年英国的制造业强大了，不需要保护了，放开了，就把这条删掉了，非常符合现实。所以，经济实践和经济思想是配套的。

德国、意大利是第二波进行工业革命的国家，后来者。德国、意大利 19 世纪 20 年代开始工业革命，但没有统一市场，当时德国经济学家李斯特呼吁统一市场，一直到 1871 年德国才统一，统一之后德国人干什么呢？政府保护政府干预，德国没有搞自由市场经济，搞的是政府保护，才有了后来的工业。同时，政府出钱帮助建设铁路，政府和私人企业家一起搞建设，也是政府干预的，扶持垄断企业等。所以，对应德国和意大利的崛起是什么呢？是德国历史学派，李斯特早期的德国历史学派，后来还有施莫勒等人讲其针对的对象是亚当·斯密。他们认为亚当·斯密完全不对，经济发展必须和历史结合，他骨子里讲的是要政府干预，不能只有贸易。很可惜，为什么德国历史学派不流行呢？因为德国人起来之后搞了第一次世界大战、第二次世界大战，给全球带来了灾难。当然，第二次世界大战后德国人搞了社会市场经济，政府要有一定的干预，把市场经济的弊端一定程度上减轻了。

意大利也一样。早年意大利经济搞得很好，全球第一条高速公路在意大利，墨索里尼建成的。墨索里尼时期，意大利实现了工业化。

奥地利学派，我们现在很熟悉的边际效应、微观经济学都是从这一学派来的。它们认为这是基础，强调一切从个人理性出发，每个人都是理性的，所有的经济理论必须尊重个人自由，它的根基是当时的奥地利意识形态。

奥地利学派后来对美国影响很大。美国经济起飞了，靠的是贸易保护。美国开始搞的是贸易保护，美国的崛起是贸易保护出来的，美国南北战争的结果是主张贸易保护的北方战胜了主张自由贸易的南方。一直到 20 世纪 20 年代，美国联邦政府最大的税收都是关税，不是其他的税收。收关税，是美国经济起步的原因之一，所以美国在第二次世界大战前还不是国际主义的。它的经济思想现在不怎么提了。康芒斯，主张制度学派，他认为政府必须介入市场经济，帮助工人维护利益，工会很重要。但这个学派美国人现在也不认了。还有凡勃伦，凡勃伦偏社会学派，他认为人的很多消费都是奢侈型的，都是过度消费。

中国经济的实践如果想产生真正的具有长远影响力的经济理论和思想，必须满足以下四条。

第一条是持久、公认的经济发展成功经验。

第二条是必须惠及世界的经济发展。

第三条是经济实践的可复制性。

第四条是活跃宽松的学术氛围。

最后要避免两个误区：

第一，不能讲中国经济学。不能按国界分，我们要提炼普遍性。

第二，避免从外到里。

所以，我的观点是坚持从中国实践出发，坚持对外开放和交流。

总之，我们重要的工作是把自己的实践总结好，把自己的理论总结好，总结出具有普遍意义、可复制的理论。这样才能更好地反过来指导改革开放，指导我们的实践，才能在国际上赢得理解和支持。

中国科技创新政策 40 年

——回顾与反思[①]

薛 澜

清华大学文科资深教授，清华大学苏世民书院院长

---

① 此文系薛澜教授在"国情讲坛"第二十讲的文字记录稿，2018 年 12 月 14 日。

今天，我们一起讨论中国科技创新政策 40 年。2018 年是改革开放 40 周年，这 40 年里，中国的经济改革、经济社会等各方面都发生了天翻地覆的变化。但对广大公众来讲，科技领域到底发生了什么，可能并不是那么熟悉和了解。实际上，科技发展和科技政策领域所走过的改革历程，与其他领域一样，也可以用波澜壮阔来形容，是非常了不起的。

我将从以下几个方面介绍科技创新政策 40 年历程。首先，作一点背景介绍；其次，讨论科技创新政策 40 年的改革历程；再次，对科技创新政策改革的成功与不足作一些评论；最后，对科技创新政策作一些反思。

一、引言

最近，国内对中国创新政策的评价像过山车一样。时而报道中国在科技创新领域取得的一些巨大成就，没过多久又报道某些重要领域被"卡了脖子"。尤其是最近的中美贸易摩擦，很多人认为科技领域的竞争是背后的重要原因。美国对中国科技创新领域有很多指责，比如，中国对知识产权保护不利，强迫技术转移，产业政策扭曲，市场非良性竞争等，好像中国是通过这些措施才取得了科技进步的成就。从最善意的角度去看，这显然是对中国科技创新 40 年的发展情况缺乏基本的了解。那么，中国科技创新进步是怎么来的？目前状况如何？未来发展前景如何？这些问题已经不再简单是学术研究问题了，解答这些问题对破解我们现实中的政策问题也有重要的影响。

二、中国科技创新改革历程（1978—2018 年）

中国科技创新从 1978 年到 2018 年的改革历程，我们在最新出版的一本书中作了一个比较系统的分析和回顾。这本书是《中国科技发展与政策 1978~2018》由社会科学文献出版社出版，汇聚了科技政策领域国内最前沿的一些学者的集体智慧。

这本书从两个方面展现了中国科技创新政策改革的历程：一是按照时间顺序来展现中国科技创新领域改革发展的主要阶段和事件；二是从国家创新体系的各个重要组成部分展开，包括基础研究、产业技术创新、高校科技创新与人才培养、区域科技创新、企业技术创新、军民融合发展、科技全球化与国际合作。下面我把中国科技创新改革的历程作一个简要介绍。

（一）改革开放前的科技发展

中国的科技创新成果并不只是最近 40 年发展起来的，而是过去百年的历史积累。如果真正要回溯历史的话，可以回溯到 1895 年。那一年，中国第一所现代意义上的大学——天津北洋西学学堂，获准设立，也就是今天的天津大学。

从 1895 到 1949 年的半个多世纪，国内战乱不断，高校面临的环境是非常艰难的。抗日战争时期，清华大学、北京大学、南开大学等高校组成西南联合大学，共克时艰，在昆明郊区很艰难的条件下，继续教学研究工作，并培养了 20 世纪前半叶中国一代科技精英，其中包括后来获得诺贝尔物理学奖的杨振宁和李政道。

到 1948 年，中国有 210 所现代意义上的大学（包括中专）。其中，国立高等教育机构有 74 所，省立 80 所，私立 56 所，当时一共招收 15 万多名学生。15 万大致相当于中国现在招生最多的前两所高校的学生数量，而这是当时全国高等教育招生的人数。

新中国成立之前，中国的高等教育和科研机构已经有一定的基础。1928 年 6 月 9 日，中央研究院成立，蔡元培担任院长。1935 年，中国曾经有 70 多所研究机构。抗日战争时期，很多研究所被疏散到西南等一些地方。到 1949 年，只有 30 多所留在当地。这些研究机构的科研人员有 5 万名左右。

新中国成立后，中国科技发展进入布局与追赶阶段。新中国成立一个月之后，中国科学院正式成立。当时，中央政府派出专门的工作组到苏联学习怎么建设国家的科学院。以基础研究为主的中国科学院很快进入正常运行，同时在各个工业部门和各个省市自治区，设立很多相应的应用研究所。

高等教育发展非常迅速。1952 年开始实施高等教育院系调整，压缩人文社会科学，重点发展理工科，以适应当时中国工业化发展的需要，成立了许多单科或者多科的理工科院校。比如，清华大学的地质系分出去成立了地质学院，航空系分出去成立了航空学院等。虽然这些调整有利于尽快培养国家工业化发展急需的大批工科人才，但压缩人文社会科学的举措对中国人文社会科学产生了相当深远的不利影响。

从中华人民共和国成立一直到"文化大革命"前，中国高等教育的发展变化紧跟国家大的经济社会发展变化，同呼吸共命运。1952年有211所高校，1953年院系调整后压缩至182所，1957年增长到229所，到1960年猛增到1289所。通过这个数字可以看到"大跃进"不仅仅是在炼钢、粮食生产等方面，在高等教育上也有一个"大跃进"的阶段。当然这个很难持续下去，1965年回落到434所。"文化大革命"时期到了最低点，有300多所。

中华人民共和国成立后中国的公立研究机构、高等教育总体来说发展都是很快的，不足的地方就是产业技术创新。中华人民共和国成立之后，中国的主要技术是从苏联和东欧进口。20世纪50年代有156项工业技术引进项目，对新中国的工业化体系建设起到了很重要的作用。

这个阶段中国科研取得了巨大的成就。到1965年，中国建立了1700多个科研机构，培养了15万多名科学家和工程师，在很多重要领域取得了一系列重要成果。例如，人工合成了牛胰岛素，当时很多专家评价这是一项有获得诺贝尔奖潜力的研究成果；"两弹一星"取得了很大的成就；在李四光陆相生油理论指导下，发现了大庆油田；等等。

但这个阶段也遇到了一些挫折。1960年，中苏关系恶化。7

月16日，苏共中央全会讨论了苏中关系，宣布召回苏联专家，并不顾中方的要求，在一个月内撤走了1390名专家，停派909名专家，单方面撕毁600个协议和合同。1960—1967年，中苏两国科技人员交流来往的人数只有100人左右，主要是参加学术交流活动，苏联方面来华专家40人左右，中国赴苏专家60人左右。中国与苏联从亲密无间的合作一下子降到冰点，这对当时的很多科学家而言都是刻骨铭心的。

苏联撤走专家，迫使中国更快地进入自力更生的道路，进入科研攻关的新阶段。让人印象很深的是2003年，我们在做中长期科技规划时讨论自主创新开放创新，很多老专家尤其是经历过那个事件的老专家，他们强调一定要搞自主创新，一定要自己掌握核心技术。但是，1966年到1976年，"文化大革命"使中国的科研活动几乎陷于停顿。

（二）拨乱反正，迎来科学春天

1978年3月，全国科学大会召开。邓小平在会上提出了"科学技术是生产力""知识分子是工人阶级的一部分"等重要论断，把禁锢中国科学家和知识分子的桎梏打破，迎来了科学的春天。

1978年到1985年，中国农村改革、沿海经济技术开发区设立等，使中国的经济开始发生变化。这个时期的乡镇企业对新技术有着强烈的需求，但中国的科研机构和高校研究人员仍然在科学的殿堂里继续做自己的研究工作。如何激发科研人员的动力，如何使创新系统更好地满足经济发展的需求？如何改变科研机构的行为和文化，使其适应市场经济改革的新现实？中国面临巨大的政策挑战。

（三）启动改革，发展高新产业

1985 年，中共中央发布《关于科学技术体制改革的决定》，这个决定揭开了中国科技体制改革的大幕。决定通过改变激励机制，使大学和科研院所愿意为经济发展服务。主要的政策措施有：削减研究所的经费拨款，逐渐把研究所的"皇粮"切断。同时，开辟一些新的竞争性科技计划，包括成立自然科学基金，设立星火计划、火炬计划、"863 计划"以及攀登计划等。这些计划都有相应的政策目标，引导科研人员往这些方向努力。这是一个非常重要的措施，不仅调整了经费的拨款来源，还建立了技术市场，改革了科研机构管理，鼓励科技人员下海创业等。在一推一拉的作用下促使整个科研体系真正为中国经济社会发展作出更大的贡献。

1991 年，科技部确定了 11 类高新技术，推动高新技术在中国的发展。但当时中国总体的大环境对高科技发展还不是非常有利。因此，从 1991 年至 2012 年 9 月，国务院先后批准建立了 114 个国家高新技术产业开发区，为高新技术的发展营造良好环境，以推动高科技产业的发展。国务院还设立了 40 多个经济技术开发区，包括高校科技园等，采取一切可能的办法推进科学技术转化成生产力。1985 年的科技体制改革，到 20 世纪 90 年代得到了蓬勃发展，推动科研体系发生了巨大变化。

但这时也出现了一些新的问题，很多科研机构并不能完全适应走市场化道路，有点无所适从。比如，1996 年我采访过中科院的一个地质方面的研究所，该所试图通过设立宝石鉴定服务部来为经济服务，但经营非常困难，很难与市场结合。

（四）知识创新，建设创新体系

很多科研人员和科技政策研究者开始反思，在国家大的创新体系里，什么样的机构适合为市场服务，什么样的机构可能需要做一些基础研究而不能走市场化道路？1998 年，中科院最先向党中央提交知识创新工程报告，提出中科院在国家创新体系中不应当是搞技术创新以创造市场价值为主的机构，而是要做知识创新，要在基础研究方面做更多的工作，并提出了一个整体的改革规划。这个报告得到了江泽民的批示，由此开始了新一轮科技体制改革。

之后应用型的公立科研机构也开始进行改革。很多研究机构原来所依附的政府部门在 1999 年的政府机构改革中被取消。皮之不存，毛将焉附？这些应用型研究机构没有了上级部门，只能着手改革。当时有 242 所公立科研机构首先进行试点，由事业单位转为企业单位，走向市场，后来在全国各地推行。从 1999 年到 2003 年底，有 1050 所应用型研究所完成转制，成为市场主体，有 99 个研究机构与大学合并或转成非营利机构。

这一轮改革也注重推动产业研发，鼓励大型国有企业建立企业研发中心，设立国家中小企业创新基金支持中小企业创新，同时鼓励跨国公司在中国设立研发中心。我们通过对 1999—2000 年跨国公司在中国的研发机构的调研发现，美国《商业周刊》排名前 1000 的大公司在中国设立独立研发机构的公司超过 30 家。

高等教育也进行了改革，高校开始扩招。1998 年前，超过 300 万人参加高考，只有 1/3 的人能够被录取（毛入学率 1990 年为 3.7%，1998 年为 9%）；1999 年招生人数比 1998 年增加了 47.4%。之后若干年，招生人数的增长率都保持在两位数，使高校在校生人数从 1998 年的 643 万增长到 2005 年的 2100 万。2005 年毛入学率达到 21%，2013 年达到 34%，2017 年是 45%，毛入学率与发达国家接近了。但是，高校招生人数高速增长也带来了很大的问题，就是怎样保证教育质量。近年来，教育部的所有重大政策都特别强调要重点提高高等教育质量。

（五）自主创新，制定科技规划

2003 年，国家开始新一轮科技体制重大改革，此轮改革最主要的标志是中长期科技规划的制订。中国加入世界贸易组织后，国际竞争压力巨大，环境资源的约束也越来越明显，因而迫切需要改变经济增长模式。

2003 年夏季，2000 多名科技专家，包括社会科学专家、企业家等，在超过 20 个主题方面开展战略研究。

2006 年，全国第四次科学技术大会召开，《国家中长期科学和技术发展规划纲要（2006—2020 年）》正式颁布。纲要明确了未来科技发展的指导方针和目标；提出自主创新、重点跨越、支撑发展、引领未来的科技发展方针，提出到 2020 年把中国建成创新型国家的宏伟目标；提出很多重要的应用领域，包括能源环保等；部署了很多基础研究领域和交叉领域；批准设立了 16 个科技重大专项，包括登月计划等；在国家创新体系建设方面也出台了一系列的配套措施。这个纲要为 2006 年到 2020 年的科技发展作出了全面系统的部署。

（六）深化改革创新驱动发展

党的十八大以来，中国进入了新的发展阶段，这个阶段最核心的目标是全面深化改革，用创新驱动发展。这个阶段有很多具体的措施，首先是简政放权，激励大众创业万众创新。2015 年 3 月 13 日，即 1985 年《关于科学技术体制改革的决定》发布 30 年后的同一天，中共中央、国务院发布了《关于深化体制机制改革加快实施创新驱动发展战略的若干意见》，提出了新的部署。与之前文件最大的不同，该文件特别强调营造更好的市场环境和市场生态以推动创新发展。

对科技计划管理体制进行了全面系统的改革。首先，成立了一个平台——国家科技计划（专项、基金等）管理部际联席会议制度，由科技部牵头、财政部、国家发展改革委等与国家科技计划管理密切相关的 31 个部门和单位组成，统筹关于科技计划管理的各种重大决策。以前存在的科技计划太多太乱的问题，现在可以通过联席会议制度整合起来。由三根柱子来支撑这个平台：第一根柱子是由 14 位专家组成的战略咨询和综合评审特邀委员会，在科技计划管理等方面为国家提供相关的咨询；第二根柱子是专业科技项目管理机构，与政府部门脱钩，实现决策与执行分离；第三根柱子是第三方专业评估机构，在事中事后的监管和绩效评估方面发挥作用，强调评估的客观中立。

具体的科技计划是按照五大平台组织的。第一个是自然科学基金，资助基础研究和科学前沿探索。第二个是重大科技专项，关乎未来国家长远发展的战略性重大科技项目。这类专项涉及的资金多是几百亿，时间也比较长。第三个是科技计划中最重要的一类项目——国家重点研发计划，针对各领域突出的共性关键、社会公益的技术问题，从重点基础研究和共性关键技术的研究，一直到产品的研发以及成果的推广，形成一个研发的链条。第四个是技术创新引导专项基金，支持企业技术创新，特别是大众创业、万众创新，中小企业发展、科技孵化器方面的发展。第五个是人才基地计划，包括国家实验室、国家重点实验室、工程中心以及各类人才计划等。

三、科技创新政策改革的成功与不足评析

在简要介绍了 1978 年到 2018 年中国科技体制改革演变之后，再来介绍发展与改革存在哪些成功和不足。

（一）成功的方面

在创新系统改革和加强研发投入方面取得了巨大的进步。中国的研发投入领先所有的发展中国家。从研发投入强度来看，

中国已超过欧盟国家平均值，中国 2017 年研发投入占 GDP 的比重是 2.13%，欧盟国家平均值是 2% 左右。当然，中国与一些国家相比还是有差距的，韩国研发投入占 GDP 的比重超过 4%，美国、日本等在 3% 左右。但是，中国经济总量非常大，研发投入总额在全球排第二。同时，按购买力评价来考虑，中国研发投入比例已经接近美国。

中国在很多重要的领域也取得了重要进展，如航天、高性能计算机、新能源、纳米材料等领域。在科学和技术的一些重要领域，中国在国际上可以说处于领跑或者并跑的阶段了。

中国的高校和研究机构的研究能力和效率显著提高，在很多重要的研究领域已经成为全球创新系统的重要力量。根据相关数据，中国学者发表的论文从 2016 年开始在全世界名列第一，当然这也取决于统计的口径，但总量非常高，在全世界保持前两名。2014 年，汤森路透公布了全球 21 个研究领域最高被引的 3000多名科学家，美国占据主导地位，中国有 163 名，遥遥领先于其他发展中国家（印度 8 名，俄罗斯 8 名，南非 11 名）。2016 年同样的分析，全球最高被引的共有 3083 名学者，中国有 175 人，已经在全世界排到第四，美国是 1465 人，英国是 346 人，德国是 177 人。应该说在高质量论文发表研究方面中国也取得了重大进步。

一系列有代表性的创新成果和企业不断涌现，包括高铁的综合创新，联想、华为、小米等国际化的高科技公司，百度、阿里巴巴、腾讯，以及吉利汽车、潍柴动力、三一重工等传统产业领域内有国际竞争力的公司。

取得这一系列成功最主要的原因是改革和开放形成了良性互动。国内改革满足了创新的内在需求，并为创新系统开放提供了更好的环境，从而促进了创新系统的进一步开放。同时，随着创新系统的不断开放，国外的经验为中国的改革提供了借鉴（科技园、知识经济等），国外创新主体的参与也推动了改革的深化，从而提出了新的改革需求和改革的方向，使中国的创新系统能够更快更好地融入全球创新体系。这样，国内改革与国际融合就形成了一个良性循环。改革为更好的国际融合创造了条件，更好的国际融合又提出新的改革方向和需求，使过去 40 年中国在科技和创新领域取得了巨大的进步。

（二）不足的方面

尽管我国科技改革成就斐然，但是要承认，改革还有很多不足的地方。最突出的一点是，在原创性高水平研究方面，中国与美国差距很大，还需要不断努力。

中国产业创新能力的差距是非常明显的。虽然拥有一批具有国际竞争力的企业，但整体的国际创新能力还是远远不够，劳动生产率不高。按照不同的统计，整个劳动生产率在全球排名比较靠后，与中国总量排在前面是不相称的。从 2001 年到 2010 年的 10 年，中国在世界各国的全社会劳动生产率排名中仅仅从第 81 位上升到第 77 位。从 2001 年到 2012 年的 12 年，在二十国集团的19个国家中全社会劳动生产率排名一直位列第17位。劳动生产率是衡量一个国家整个经济发展质量的重要指标，但在这方面中国还是比较落后的。

中国的自主创新能力不足，一些重要核心领域存在严重的技术依赖。中兴事件反映出中国在集成电路领域的高度依赖。2016年，中国集成电路进口额达到2270.7亿美元，连续四年超过2000亿美元，也远超同年石油1165亿美元的进口额，是价值最高的进口商品。中国集成电路行业贸易逆差达1657亿美元，由此可以推断出中国的依赖程度。

2008年到2009年，我们与美国国际贸易委员会共同研究了中国高技术产品贸易的情况。从总体结果来看，中国在高技术产品贸易上对美国有贸易顺差。但仔细分析，中国的贸易顺差主要来自加工贸易，并且主要是由外资企业和合资企业创造的。这说明中国在一些核心技术领域还有很多的不足。

中国的产品质量无法满足需求，缺乏知名品牌。中国有很多出境游客在境外购买大量的国外名牌产品。改革开放40年，真正在这期间发展起来的知名国际品牌数量稀少，与日本相比还有很大的差距。

（三）原因

首先，中国的国家创新体系改革有待深化。例如，传统事业单位的管理模式改革迟缓，对大学、科研单位、医院等知识密集型领域的影响很大。适应新时代要求的高等教育体系还没有形成，虽然有一些高校在全世界的排名不断提高，但国家的高等教育体系还不能完全适应中国社会发展的需求。前些年我做过一些关于中国高校区域分布的研究，发现中国的高校过多集中在中心城市，一个省最好的综合性高校、理工科高校都集中在省会城市或副中心城市。这些高校吸引各方人才来读书，毕业后往往就留在上学的地方，这在一定程度上导致许多二三线和中小城市的人才匮乏。这对中国发展是不利的。比如，现代公立科研机构的治理体系还没有完全形成，国家创新体系资源配置效率还需要做更多深入的研究等。

其次，中国的市场改革尚未完成。政策导向对创新过程中的非科技因素重视不够，尤其是对市场环境重视不够。科研是把资金变成钱，创新的核心是要创造价值，创造价值在市场经济的情况下要靠市场。如果市场不是一个真正的完全竞争的非常成熟的市场，创新的效率很难提高。因此，市场因素是制约中国创新发展的最大障碍。如果企业采用低成本竞争、抄袭仿冒、不公平竞争等方式去获得超额利润，这个企业就不会去创新。只有把这些漏洞全都堵住，只有当市场真正公平、企业没有其他可以积累优势的选择时，企业才有真正内在的创新动力。

最后，创新能力积累有一定的客观规律，即时间的问题。在创新能力方面，中国取得了不小进步，但要遵从客观规律，产业创新能力的质变需要时间。一位技术史专家说："中国近现代技术的发展历程，不是一部发明史，而主要是外来技术本土化的进步史。"我国技术发展也的确是这样的过程。中国在 20 世纪前半叶主要靠西方的技术，20 世纪中后期通过苏联的技术转移，到改革开放前主要靠外资引进。近 20 年，中国特别强调要有自己的创新能力的积累，从这一点来讲，还需要有点耐心。此外，观念、文化、体制、管理模式的改变也需要时间。比如，引进外资、加工出口模式对中国改革开放前 30 年的经济腾飞起到了巨大作用，但也形成了巨大的思维和体制惯性。前几年我们对浙江、广东的企业采访也反映出，一些盈利多的企业缺乏搞创新、开发新产品的动力，它们最可靠、稳定的盈利模式是接国外大公司的订单进行生产，开发新产品有太多的不确定性，风险高。这些观念的改变也是需要时间的。

四、科技创新政策 40 年反思

前面分析了改革的成功和不足，下面对科技创新政策这 40 年作一个反思，这里面有一些问题值得进一步深入思考的。

首先，政策研究和政策实践的互动。我们公共管理学院的重点是研究公共政策问题。无论在任何国家，公共政策研究和一些纯基础性的研究不一样，需要与实践进行互动，政策实践向政策研究提出研究需求，同时政策研究要为政策实践提供新的思路。回过头来看，中国的科技政策、科技发展的这 40 年，确实也经历了这样的一个过程。

1985 年，中共中央发布《关于科学技术体制改革的决定》，应该说 20 世纪 80 年代初的那一批学者的研究对这个决定的制定起到了巨大的作用。我个人非常有幸地参与了 1998 年之后的改革，如中国科学院的知识创新工程、国家创新体系建设等项目。当时，我们将经济合作与发展组织发布的知识经济系列报告翻译成中文，对国内这个概念的推广起到了一定的作用。后来在科技部的指导下，从事国家创新体系的研究，对国家创新体系方面的政策制定起到了支撑作用。在公共管理学院从事科技全球化的研究，也对跨国公司研发政策制定起到了相关支撑作用。所以，政策的研究就是为政策实践提供新的思路支撑。

做政策研究，要从政策实践中汲取营养，去找更好更新的问题。实际上，在政策实践中有大量的问题需要深入研究。其一，科技创新政策的制定应当如何让科研活动为经济建设服务？改革开放以来，中国科技体制改革始终是党和国家领导人高度关心的问题。《"十三五"国家科技创新规划》中提到了科技贡献率。虽然作为一个指标，这个不一定是最好的，但得到了很多领导人的特别关注：到底科技对经济能够起到什么样的作用。其二，如何看待跨国公司在中国设立研发机构？怎样从理论上分析和验证它到底对这个国家创新体系的建设，对中国的创新活动有什么样的有利的、不利的影响，怎么样权衡利弊，应当采取什么样的政策？其三，如何鼓励并合理规制数字经济发展？数字经济发展非常快，要制定什么样的政策积极推动其发展，更好地造福人类，怎么样有效规制可能产生的不利。这些给我们的政策研究提出了很多新的问题。公共政策研究只有在政策实践中寻找问题、解决问题，才能保持活力。

其次，科技政策和创新政策的区别。改革开放 40 年，尤其是 1985 年科技体制改革以来，最重要的政策目标实质是推动创新为经济建设服务，但政策作用的对象和政策手段往往是科研体系和科技政策。这样做是有作用的，能够更好地推动知识生产，有利于价值创造。但这毕竟不同于价值创造。前些年，人们把两者混在一起，现在需要重新考虑是否应该将科技和创新政策进行区分，以保证二者各司其职。科技政策就要按照研究活动的规定配置科技资源，营造环境，鼓励创新性研究，心无旁骛地做研究。而创新政策，就要按照创新活动规律，完善市场环境，激发人们的创新创业精神，提高创新活动的效率。

最后，科技创新发展与科技创新治理。在过去 40 年的发展当中，全社会给科技创新赋予了很多光环，并认为创新和科技都是好的。所有的政策导向都是要积极推动科技创新的发展，但对于科技创新发展可能给社会带来的风险很少考虑。多年来中国的科技相对来讲比较落后，但好处是，很多新技术在国外已经有多年的应用，可以说很多风险已经得到了有效的处理。在未来的发展中，尤其是当中国在很多新兴科技创新领域开始走在前面时，对于科技创新发展可能给社会带来的各种风险应加强重视。比如，在生命科学领域，如果没有很好的伦理道德的规制体系，很有可能对人类未来发展产生巨大的威胁。人工智能、地球工程等很多领域，可以帮助人们解决一些问题，但也可能带来一些不可预见的风险。在这种情况下如何权衡利弊，作出理性的决定，需要得到研究者和政策制定者的高度关注。

当然，还有很多需要进一步深入研究的问题，比如，科技与经济关系的问题，这是贯穿中国科技创新体系改革 40 年的核心问题，也是科技创新政策领域研究的主要问题；国家创新体系与创新主体定位问题，企业、研究机构、高校作为知识密集型组织在科技创新活动中的分工定位，运行逻辑和效率之间的相似与差异；自主创新与开放创新，在科技全球化的背景下，自主创新的内涵是什么，谁是自主创新的主体？自主创新的目标是什么？具体如何实现？自主创新与开放创新是否有矛盾？这些方面都值得人们进一步地深入思考和研究。

改革开放与中国五年规划体制转型①

鄢一龙

清华大学国情研究院副院长、清华大学公共管理学院副教授

———————————

① 此文系鄢一龙副教授在"国情讲坛"第十六讲的文字记录稿，2018 年 11 月 27 日。

今天，我们讨论的主题是改革开放与中国五年规划体制转型，主要探讨改革开放以来五年规划根本性质、管理体制与编制体制的转型，并基于这种转型探索能够有效解释实践的新理论话语，提出公共事务治理规划、目标治理机制、集思广益型决策模式的解释。

进入主题之前，我先交代一下我们的方法论。我们倡导的方法论既不是西学为体，也不是中学为体，而是实践为体。我们的研究，不是从文献出发，而是从事实开始，通过参与对发展规划政策的研究形成理解，并与已有理论对话，提出我们的假说，再进行实证。[①]

一、国家计划体制失败了吗

（一）国家计划失败论：检验与反思

今天，中国五年规划已经获得高度认可，很少有人会主张废除五年规划。20 世纪 90 年代的主流看法和理论却并非如此，当时盛行的观点是"国家计划失败论"。

《1996 年世界发展报告：从计划到市场》对国家计划体制给出了一个历史性的宣判，认为国家计划因为其深层次的低效率的问题，本质上并不可行。报告还分析了计划体制的几个方面问题，包括计划制定者无法得到足够的信息，以替代在市场经济中

---

① 详细讨论参见鄢一龙：《中国话语的"一体三用"》，观察者网 2014 年 9 月 12 日。

由价格所传递的信息。[1] 美国政治学者福山更是贸然抛出了"历史终结论"：采取计划经济的社会主义制度已经失败，历史已经终结，人类社会只有资本主义一途，别无选择。

可以说，当时西方理论界的主流观点就是国家计划体制已经失败。那它的前途是什么？就是《1996 年世界发展报告》标题开宗明义提出的"从计划到市场"。社会主义国家的前途就是与西方资本主义制度接轨。

我们可以把当时的社会主义国家分为两类：一类是转轨国家，即与资本主义体制接轨的国家；另一类是转型国家，即在借鉴西方体制的同时，坚持走社会主义道路，自主推进改革的国家。经过 20 多年的实践检验，出现了不同的结果，以人类发展指数来看，转轨国家要么停滞之后再缓慢增长，要么先下降后恢复。相反，转型国家中国与越南则持续上升，而且中国是持续快速上升。

当时西方学者有一个看法，认为转轨过程会经历痛苦的泪谷，还有一个词叫"休克疗法"——为了恢复健康，通过短暂休克进行治疗。现在来看，我们发现这个"泪谷"非常长，有许多转轨国家的人均 GDP20 年后还没有恢复到转轨之初的水平。20 多年，弹指一挥间，中国跟俄罗斯、东欧国家的对比发生了沧桑巨变，许多方面中国已经后来居上了。这也深刻地证明了"道路决定命运"，选择什么道路，可能会影响一个国家一代人甚至几

---

[1] 参见世界银行：《1996 年世界发展报告：从计划到市场》，中国财政经济出版社 1996 年版，第 1—2 页。

代人的命运。

一些学者已经开始反思所谓的"国家计划失败论"。剑桥大学彼得·罗澜教授认为，苏联转轨的一个教训是把指令经济和国家计划混淆了，在取消指令经济的同时，也把计划给取消了。而中国成功之处在于把这两者给分开了，中国由计划经济向市场经济转型，同时保留了计划体制本身。他认为，好的计划应该能够识别出特定国家所发生的独特市场失灵，并提供灵活的实际的解决方案。[①]

（二）中国计划体制绩效

中国从 1953 年开始实行第一个五年计划，现在是第十三个五年计划（规划）。我们对已经结束的十二个五年计划（规划）的目标实现情况进行了评估，发现有两个很突出的特点：第一，总体而言，能够实现国家目标，虽然其中有好有差。第二，改革开放以后的计划总体上要比改革开放之前的计划完成情况要好，而且完成率趋于上升。

中国美国商会前主席麦健陆评价说："我们要学习中国的五年规划，中国有五年规划，一步一步地把国家推向前进。"奥巴马当年的国情咨文提出了很多目标，包括修建高铁，削减财政赤字，提升清洁能源比例等，基本上都难以实现。为什么？英国前首相布莱尔说过，在西方的政治文化中，提出目标只是传达一种

---

① 参见［英］彼得·罗澜著：《中国的崛起与俄罗斯的衰落——市场化转型中的政治、经济与计划》，隋福民译，浙江大学出版社 2012 年版，第 331 页。

大体上的愿望而已，中国是一个言必行的国家，一旦制订了目标，它就会信守承诺，直至最后完成目标。

2003 年诺贝尔经济学奖获得者罗伯特·恩格尔的评价更经典，他说当中国在为下一代人制订五年规划的时候，美国人只是在为下一次选举进行规划。这又说出了规划体制的另一个优点。因为有规划，中国可以站得高看得远，可以做很长期的事情。

（三）"三个谜题"

中国五年规划的实践，已经形成了三个谜题。当然，这三个所谓的谜，是戴着西方理论的有色眼镜来看的，让人觉得不可理解，不可思议。

第一个谜题：市场经济是否可以有国家计划（规划）？如果可以有，那应该是什么样的国家计划？

第二个谜题：中国的国家计划体制依靠什么机制来实现目标？或者说，计划管理体制是什么？

第三个谜题：是什么原因使中国能够制订高质量的国家计划？国家计划的决策机制是什么呢？

今天，我尝试来解答这三个谜题。

二、新型国家计划：公共事务治理规划

我先回答第一个问题。市场经济体制条件下，为什么会需要国家计划呢？

（一）分散性知识 VS 整体性知识

解答这个问题首先要解释计划经济为什么会失败。对计划经济有各种批评，包括激励不相容、自主性不足、官僚化、信息不对称等。哈耶克认为，集中的国家计划不可行的根本原因在于经济活动的关键信息是分散性地存在。[①] 在他看来，计划经济体制的问题不仅仅在于中央计划者计算能力不够，根本原因在于基础数据是分散存在的，无法被集中掌握。

哈耶克批评的问题在于他忽略了另外一种类型的知识，除了他所说的分散性知识，整体性知识对于经济社会活动也具有高度重要性。整体性知识就是指反映经济与社会整体状况、长远状况，以集中、系统的方式存在的，并能够为中央计划者加以运用的知识。例如，为什么要实施全面二孩政策？未来可能还要进一步鼓励生育？因为有一个很重要的指标，就是中国总和生育率快速下降，已经远低于世代更替水平。这意味着，中国迟早要进入总人口负增长阶段。

假如我们把市场体制视为运用分散性知识的体制，那么，国家计划就是应用整体性知识的一种体制。这两种不同类型的知识运用体制，可以相互补充，使经济社会运行效率更高。

（二）从经济计划到公共事务治理规划

如果将今天的五年规划跟计划经济时期的五年计划比较，会

[①] 参见［英］哈耶克著：《个人主义与经济秩序》，邓正来译，生活·读书·新知三联书店 2003 年版，第 117 页。

发现有很大的不同。

第一，国家计划不再介入微观经济活动，而是为经济社会发展提供总体框架。计划经济时期的计划，绝大多数都是实物量指标，改革开放以来，逐步取消了实物量的指标，现在五年规划的指标都是宏观量指标。

第二，计划内容从经济建设为主到涵盖国家发展各个方面。计划经济时期计划主要集中在经济计划。今天的五年规划，实际上包括经济、文化、科技、社会、生态等方方面面，已经是一个完整的国家发展规划。

第三，计划指标从经济类为主转变为非经济类为主。"六五"计划是改革开放之后的第一个五年计划，经济类指标占60.7%，而到"十三五"规划经济类指标只占16%，绝大部分指标是教育科技、资源环境、人民生活等非经济类指标。

总之，中国的五年规划已经由经济计划转型为公共事务治理规划。当然，这并不意味着没有经济的内容，保持适度经济增长、宏观稳定、优化经济结构本身也是公共事务治理的重要组成部分。

（三）计划与市场：从替代到互补

与此相关的一个问题，市场经济下实行国家计划，会不会影响企业的自由选择呢？奈斯比特夫妇对中国的规划有个评价，说得很到位：规划森林，让树木自由生长。[①] 规划并没有干预企业

---

① 参见［美］约翰·奈斯比特、［德］多丽丝·奈斯比特著：《中国大趋势》，魏平译，中华工商联合出版社2009年版，第61页。

的自由选择，而是使企业在自由选择的同时形成合力。

考虑规划和市场关系的时候，仅仅从国家对市场赋权的关系的视角观察是不够的，一个更重要的视角是赋能。赋权是允许个体追求自身的梦想，赋能则是帮助个体去实现自身的梦想。从赋能的视角看，规划不但没有限制企业的自由，反而扩展了企业的实质自由。因为有了规划，企业就能够参与其中，有助于实现企业自身的目标。

中国公共事务治理规划能够跟市场机制有机结合，在市场经济条件下主要发挥三个方面的功能。

第一，规划对公共资源配置具有约束性功能。国家规划有约束性指标是政府履行职责的依据，规划制定的目标、任务与工程需要国家使用公共资源去推动完成。约束性规划使政府能够优化公共资源的配置。

第二，规划对关系公共利益的混合性资源配置具有引导功能。虽然企业、个体是混合性产品的生产主体，但具有国家战略意义，需要国家战略引导。

第三，规划对社会资源配置具有信号功能。五年规划的信号功能稳定了社会的预期，例如，"十三五"规划公布不低于6.5%的年经济增长率，就很大程度稳定了市场信心。

（四）公共事务治理规划的挑战

当然，国家规划也存在若干方面的问题，需要不断地进一步调整。

第一，规划体系如何进一步理顺。目前是分级分类规划体系，中央、省、市、县都有五年规划，存在规划过多过繁，以及不同类型规划之间关系的问题。新规定是：国家发展规划发挥统领作用，空间规划发挥基础作用，专项规划和区域规划发挥支撑作用。下位规划服从上位规划，下级规划服务上级规划。

第二，规划在宏观管理体系中的地位。中国的宏观调控体系，包括产业政策、财政政策、货币政策等，规划在其中的功能需要进一步明确。在《中共中央国务院关于统一规划体系更好发挥国家发展规划战略导向作用的意见》中明确要求规划定方向，财政做保障，金融为支撑，其他政策相协调，构建发展规划、财政金融等政策协调和工作协同机制。

第三，规划与市场的动态边界。规划与市场并没有明确的、固定的边界，而是需要根据实践不断进行动态调整。总的调整原则是市场规划各有分工，市场主要在分散性知识和私人产品提供领域发挥作用，而国家规划主要在整体性知识与公共事务治理领域发挥作用。

第四，个体规划与国家规划的关系。未来需要探索利用信息技术，进一步强化国家规划同个体规划、企业规划之间的连接，探索从微观到宏观综合的规划编制机制，以及宏观到微观赋能的规划实施机制。

第五，新的信息技术条件下，规划如何转型？新的信息技术改变了知识运用的方式，隐性信息已经显性化，"看不见的手"

在数据时代已经被发现。在这样一个"去中心化"与"强中心化"并存的时代，如何推进新型规划将是一个巨大的机遇与挑战。

总之，我对第一个"谜题"的回答，市场经济之所以需要国家计划（规划），是因为经济社会活动需要整体性知识。改革开放以来，中国已形成运用整体知识的规划，即公共事务治理规划，这种规划能跟市场经济有机结合，既有市场优势，又有规划优势，从而形成复合优势。

三、新型国家计划管理机制：目标治理机制

（一）目标治理机制

第二个问题：为什么能够实现国家规划目标？答案就是目标治理机制。我把目标治理机制定义为通过运用整体知识制订国家规划引导资源配置，以推动目标实现的公共事务治理方式。

目标治理机制并非自上而下的指令控制，而是自上而下与自下而上的互动机制。目标治理机制包括目标决策主体、目标实施主体，而目标实施主体也是次级目标决策主体。中央政府是目标决策主体，地方政府是目标实施主体，地方政府也会有自己的目标。目标治理是在一定的制度框架下进行的，而目标治理会影响制度框架。

（二）目标治理的八个机制

目标治理机制通过以下八大机制，推动国家计划目标的实现。

第一,目标匹配。国家通过政治引导、规划衔接影响地方的目标,地方目标也会影响国家的目标。两者之间要进行目标匹配。"十一五""十二五"省级规划有七八成的指标跟中央是一致的。

我们再来看地方自身指标完成的情况。省级的"十五"计划以来的指标完成率总体上比较高,超过60%的指标都是完成或者超额完成的。

第二,自觉执行。自觉执行是指通过信息交换,形成政策共识,推动政策执行。规划制订与实施过程中的信息沟通,本身就会形成一种自觉执行机制,通过日常的政策制定、工作推动就能推动规划目标的实现。

第三,目标分解机制。即对国家目标进行层层分解。"十一五"规划节能目标就分解到企业,开展了"千家企业节能行动",入选的千家企业占全国能源消耗总数的33%,仅这一项行动,就能够实现节能1亿吨标准煤左右。

第四,综合激励。规划实施激励机制是政治激励、行政激励、经济激励机制综合作用的结果,对企业而言主要是经济激励机制。国家目标设定后,会形成一种政治氛围,符合国家发展大方向的企业就可以欣欣向荣,与国家目标相背离的就寸步难行。

第五,项目制。例如,"十三五"规划确定了165项重点项目,这些项目确定后,人、财、物等资源就向这些项目和工程配置集中,以推动这些项目落地。

第六,年度计划。中长期规划是通过年度计划和年度政府工作安排来落实的。年度计划要贯彻国家发展规划提出的发展目标和重点任务，将国家发展规划确定的主要指标分解纳入年度指标体系。

第七，规划评估。规划评估本身就是一种推进目标实现机制，我国于"十五"计划首次开展中期评估，"十一五"规划引入第三方评估，"十三五"规划开始引入年度监测制度。

第八，制度调整。目标治理是在一定制度框架下进行的，为了实现规划目标，也会相应地修订法律与改革体制。例如，"十一五"规划就提出了 103 项重大改革任务。

（三）目标治理的挑战

第一，层层加码效应。"十一五"规划的 GDP 增长率，国家提出的指标是 7.5%，到省级就达到了 10.1%，地级市平均达到 13.1%，县级高达 14.2%，几乎是国家指标的两倍。地方自身有动力的目标就会层层加码，这会造成政策扭曲，使政策变得难以执行。

第二，层层衰减效应。地方缺乏动力的事情就会"上热中温下凉"，出现政策"空转"，层层都当"二传手"，以文件落实文件，以会议落实会议，以方案落实方案。

第三，"政策摇摆"。目标一旦确定，就力图实现，而常会忽视其他方面的问题。比如，在推进环保措施、治理雾霾的过程中，就会忽视经济民生方面的问题，出现了有的地方供暖跟不上、企业盲目关停等问题，现在又往回调整。

第四，"运动式治理"。目标治理机制需要动员各方资源来推动目标实现。随着目标的变化，资源配置的方向也会发生变化，具有"运动式治理"的特点。目标治理的目标导向与法治的规则导向是不同的，这导致一些官员为了实现目标，可能会突破法律制度框架而采取一些超常规的措施。

总之，对第二个谜题的回答，中国能够实现规划国家目标，是由于有一套目标治理机制。这种机制既不同于所谓的指令性的体制，也不是一个纯粹自由市场的体制，而是能够通过自上而下与自下而上相结合的体制机制安排，将国家目标转化为现实。

四、新型计划决策模式：集思广益决策模式

（一）集思广益型决策模式

第三个问题是五年规划的决策机制是什么？或者说为什么中国能够制订出高质量的五年规划？

西方人观察中国政治体制长期用"威权主义"的标签。他们可能也发现这个标签有点名不副实，因此不断地增加各种限定词，包括适应性威权体制、包容性威权体制、弹性威权体制等。在政策领域的理论是碎片化威权主义：中国的决策是威权的，因为缺乏社会力量的参与；它还是碎片化的，因为中央控制不是那么强了，形成了碎片化的利益博弈。

这是一种刻舟求剑式思维模式，在船上刻了一个威权主义的符号，而船已经开到十万八千里外去了，还是用这个符号去打捞

船下的剑。我们基于五年规划的决策过程，将中国中央政府的决策过程称为集思广益型决策模式。

集思广益型决策是指通过一定的程序和机制的安排，集中不同方面的意见，不断优化政策文本的决策过程。规划编制是一个长期过程，经历了许多环节，无数人参与其中，集中了无数人的智慧，经历了无数次打磨。

五年规划（计划）决策经历了四种决策模式。"一五"计划至"二五"计划前期已经形成广泛协商、集体议决的政府内部集体决策模式，随后这一模式被破坏。以"大跃进"发动为标志，"二五"计划编制后期一直延续到"四五"计划时期，中国决策进入非制度化决策时期。到"五五"计划、"六五"计划时期内部集体决策得以重建，编制"七五"计划时专家学者等社会机构开始广泛参与，五年规划进入咨询决策模式；以公众参与为标志，"十五"计划以来的五年规划编制进入集思广益型决策模式。虽然经历曲折，但是五年规划民主决策模式可谓一脉相承，并不断完善。从"十五"计划以来，已经形成程序化的编制步骤，并不断有所创新和发展。

什么是集思广益型决策模式？

首先看参与的主体。我们称之为政策圈或者是决策圈。它基本上分为三层。

决策层：包括中共中央政治局常委、中共中央政治局委员、国务院领导、全国人大常委会委员。决策层指导文本起草，把握总体方向，提出意见，进行把关，并负责最终拍板决策。

起草编制层：包括建议起草组成员，纲要起草组成员。起草编制层的作用是在集众思的环节集中各方意见，负责文件的起草工作。

参与层：包括部门有关机构和地方政府，全国人大常委会专门委员会成员，全国政协、智库、公众。参与者的作用是在"屈群策"和"广征询"环节提供建议。

我们用中国风格的语言来描述五年规划集思广益型决策的五阶段模型。一是屈群策：在编制前期动员各方建言献策。二是集众思：起草组综合各方意见，收集有关信息，起草阶段性政策文本。三是广征询：阶段性政策文本形成后，向各方征求意见并修改，形成政策草案。[①]四是合议决：在不同决策层面，通过正式的会议集体商讨决定，形成正式政策文件。五是告四方：将已经形成的政策文件，向各方传达和贯彻。

（二）集思广益型决策模式的特点

五年规划集思广益型决策模式体现了中国决策过程的几个特点。

第一，重视调研。中国的历次五年规划编制都开展了系统的、专门的调查研究。"十二五"规划编制期间，中国已经形成了不同层次、不同类型的调研。习近平总书记围绕"十三五"规

---

① 此环节原为"广纳言"，根据清华大学公共管理学院蓝志勇教授的建议修改为"广征询"。——作者注。

划编制分别在浙江、贵州和吉林召开不同省区负责人座谈会，对"十三五"规划编制作出部署。通过广泛的调研，决策者能够掌握第一手信息，编制五年规划能够做到实事求是。

第二，大众参与。大众参与要求决策者主动深入广大人民群众，鼓励普通民众充分表达他们的意见，了解民众的需求。除了专门开展面向全社会的建言献策活动，还可以通过开展调研、召开座谈会、听取正式渠道和非正式渠道的公众意见来吸纳公众的意见。

第三，观念聚合为中心的协商民主。开展多层次、持续的不同形式的协商。规划出台必须经过反复讨论、反复审议，多次召开不同层级的决策会议，人大、政协发挥重要的咨询作用，专家学者大量参与，一般公众也提供意见。

第四，民主集中。我们不但强调民主，也强调集中，把高度集中建立在充分民主之上，这样才能既保证决策民主性，也保证决策的效率。集思广益型决策模式背后的政治逻辑就是民主集中制，"先民主、后集中，再民主、再集中"。[①]

第五，寓科学于民主。把科学性与民主性有机结合起来。编制五年规划是一个寓科学于民主的过程，通过"屈群策"机制来收集分散的信息，克服信息不对称；通过"合议决"机制来达成政治共识；通过"广征询"机制来克服个人决策的片面性与主观性。

---

① 胡鞍钢:《中国特色的公共决策民主化：以制定"十二五"规划为例》,《国情报告》2010 年第 30 期。

（三）集思广益型决策模式的挑战

第一，公众参与效能低下。对于普通公众来说，虽然享用了丰盛的政策大餐，但由于没能充分参与"烹调"过程，参与感缺失，自觉"被规划""被代表"。这也使五年规划编制出现了一个悖论：高质量和高回应性并没有赢得相应的公众高认可度和公众高支持度。

第二，决策过程公开不足。规划内容到最后一刻才向公众公布。这一方面是出于保密需要，另一方面，决策过程缺乏充分的公开政策讨论与政策辩论，公众不了解决策过程。

第三，"有集中无民主"的问题。集思广益型决策模式是依托民主集中制运作的。这需要决策层与起草编制层有高度的民主意识。但是，确实出现过"有集中、乏民主"的非制度化决策，有时决策民主就是走走过场，实质上还是少数人决策。如何将集思广益型决策模式的民主环节固定下来，避免有集中无民主，需要将编制的程序与机制进一步制度化。

如果将中国的决策过程与美国比较，托马斯·弗里德曼认为：美国不再是民主政治，美国已经成为否决政治，这套体制设计出来就是为了防止任何人做任何事。美国的决策过程遍布否决点，诸多政策参与者的主要目标不是完善政策，而是推翻政策。中国的决策民主是什么？参与者不是否决者，而是意见输入者，民主是为了尽量增加各方的意见输入，集中是为了限制否决者的能量。我们看到五年规划在全国人大表决的时候都是以高票通过的。这反映了中国决策过程的一个特征，即通过"事前充分协商吸纳事后制衡"。

我们从福山的历史终结论开始，也希望在这里结束。福山2011年对中国的政治制度作了一个评价，他说："中国政治制度的最大优势在于，她有能力迅速地作出重大、复杂的决策，而且这些决策的质量还相当不错，至少在经济政策领域是如此。"而他对美国的评价是："政府内部不同部门很容易互相动手脚。再加上政治的司法化，利益集团的广泛渗透，美国政治制度最终塑造的政府结构破坏了集体行动的基础，形成所谓的'否决政治'。美国政治体制的分权制衡比其他国家更为严格，或者说，所谓的'否决点'很多，导致集体行动的成本升高，甚至寸步难行。"

我们可以看到，福山将20世纪90年代提出的历史终结论推翻了。这是不是意味着所谓的历史终结论的终结呢？历史本身不会终结，错误的思想却会"大浪淘沙"，当然，福山自己可能不承认这一点。

五、结论

综上所述，我的结论是：改革开放以来，中国五年规划（计划）体制实现了转型，并获得了巨大成功。原因在于：

第一，它创新了一种新型的国家计划，我们称之为公共事务治理规划。它既超越了苏联式计划经济体制，也超越了自由市场经济体制。中国的公共事务治理规划，是一种运用整体知识的体制，能够与市场经济有机结合，并与市场经济形成复合优势。

第二，它创新了一种新型的国家计划管理体制，我们称之为目标治理机制。这一机制既超越了指令型体制，也超越了所谓的自发秩序，能够通过上下结合，有效动员社会各种力量，去共同实现国家计划目标。

第三，它创新了一种新型的国家决策模式，我们称之为集思广益型决策模式。集思广益型决策模式既超越了所谓的威权式决策模式，也超越了多元主义民主决策模式，能够将民主与集中结合起来，民主性与科学性结合起来，通过集合各方面的智慧，从而制订出高质量的规划。

中国五年规划体制的转型对理解改革开放以来的中国道路也具有重要启示。

第一，既要有开放创新的精神，又要实事求是地坚持走自己的道路。改革成功的经验就在于此，新时代全面深化改革更需要坚持这一条。

第二，改革开放的中国道路已经超越了苏联模式，也超越了西方模式，走了一条中间道路，形成了组合优势。

第三，中国的实践开创了 21 世纪国家发展规划的成功范例，它既扎根于中国体制，又具有全球普遍意义。

改革开放 40 年：从"中国制造"到"中国创造"①

高宇宁

清华大学公共管理学院副教授，国情研究院副研究员

---

① 此文系高宇宁副教授在"国情讲坛"第十二讲的文字记录稿，2018 年 11 月 9 日。

  "中国制造"的产出占世界的比重在过去 200 年间经历了一个大"U"型变化：18 世纪中后期，中国的制造业产出占世界的 1/3 左右，之后随着工业革命的开展，该比重一直下降至 1949 年的 2.3%。之后 30 年通过不断努力，中国建立起自主工业化体系，这一比重从 2.3% 提高到了 5%，这也是中国改革开放的基础，而从 1978 年到今天，中国制造业占比已达世界的 1/4。改革开放 40 年来，"中国制造"已经成为中国在国际上的一张名片，但"中国制造"不能止步于加工组装，应该有自主设计、自主品牌以及自主核心技术，即"中国制造"的下一步："中国创造"。

  中国未来如何走好这一步，需要回答这样几个问题：第一，改革开放 40 年来"中国制造"崛起的主要特征和动因是什么？第二，党的十九大报告提出"迈向全球价值链中高端"，未来实现从"中国制造"向"中国创造"转变的关键要素是什么？第三，转向高质量发展、转向"中国创造"的关键趋势指向哪里？本文将用一个由四片拼图构成的框架进行解答。

一、巨大的制造系统

  拼图的第一片是巨大的制造系统，表示中国制造业的规模。中国制造业发展到今天，据联合国发展组织统计数据，在全世界 22 大制造业行业中，中国有 17 个行业的总产值位居世界第一；在世界 500 多种主要工业产品中，中国大约有 220 种产品的产量居世界第一。同时，一系列巨型企业随之崛起，2018 年《财富》

世界500强中，有120家中国企业，其中制造业企业（包含中国台湾7家）62家；世界500强中有126家美国企业，其中制造业50家。中国在入选企业总数上快速追赶美国的同时，在制造业企业500强的数量上反超美国。而1995年全球500强榜单上，日本和中国今天的位置相当：当年世界500强中，日本有147家，美国有153家。现在中日两国排名几乎对调。

全世界对于"中国制造"的具体印象主要表现为两方面。

第一个印象源于中国庞大的劳动力群体：1991年以来，中国工业劳动力的世界占比一直在30%左右。若中国工业的人均产出能达到全世界平均水平，理论上中国工业产出可占全世界的1/3左右。

10年前国际劳工组织的一份报告显示，在全亚洲地区的2700个加工区或开发区（经济开发区或高新技术开发区）内的4200万工业劳动力中，中国的210个开发区拥有3000万劳动力。这就是中国的开发区在体量上和数量上与其他国家的出口加工区存在的数量级上的差距。这也得益于中国一直推广的开发区政策：1990年之前中国的开发区主要集中在沿海和少量的内地地区；20世纪90年代以后，中国的开发区已经遍布全国。这是推动中国经济发展的重要因素。

开发区的成功不是简单的圈地，许多"一带一路"沿线国家认为中国的开发区成功之处在于能够提供一片专用区域，紧接着外资自然而然会来，生产也会随之而来，这无异于盲人摸象。众所周知，中国的开发区得到了许多政府政策的扶持；基础设备的"五通一平""七通一平"，各种优惠政策，廉价的工业用地，税收优惠，还有各种要素的供给。2016 年底，《纽约时报》需要做一篇关于坐落于郑州的中国苹果城的长篇报道，这篇报道的记者经过与中国学者的多次电话访谈才逐渐明白，中国的出口加工区在圈地之后并没有结束，很多配套设施、供应保障和政策都在背后支撑。

这种自上而下的模式不仅推动了中国工业生产出口等各方面的发展，还进一步促进了中国的营商环境和体系的改变。经过几年的积累后，在 2018 年的世界银行营商环境报告中，中国大陆一改往年徘徊在 80 多名的状态，较 2017 年上升 32 位。世界银行专家表示，中国排名的上升，是世界银行营商行业数据库建立以来，位列第二的大型经济体排名上升幅度，也是营商环境数据库建立的十几年内，第二次出现大型经济体排名大幅提升。中国对于整个营商环境、生产环境、政策环境的改善，实现了量变引起质变。这是"中国制造"的第一个国际印象。

第二个印象是一条钢铁巨龙。《华尔街日报》统计了这条钢铁巨龙的能源消耗量：全世界主要大宗商品的消费，如铁、铝、铜等主要矿石，中国的消费量占全世界的 40% 以上，相当于中国用全球 2/5 甚至一半的材料来为全世界进行生产。生产的投入除了需要基本的矿石之外，还需要各类农产品。这条钢铁巨龙消耗大量的原材料和大宗商品之后，为全世界提供了大量的制造业产品。数据显示，"中国制造"为全世界提供的很多种产品都占全球生产量的 2/3 左右，包括家用电器类，而像信息与通信技术（ICT）类个人产品，很多种类的产量已达 3/4。以手机为例，除了大众熟知的几大品牌，还有一些国内未闻、国外抢手的品牌，如在非洲最流行的中国手机——传音，在国内市场存在感为零，它的前身是曾经响当当的"手机中的战斗机"——波导。在国内市场受挫后，波导团队带着中国的技术和供应链到非洲发展，现在传音手机一年的非洲出货量为 5000 万部，这一成绩相当于 2017 年国内手机出货量排名第五的品牌（5094 万部）。"中国制造"为全世界提供的产品，不仅仅是传统的衬衫、袜子，也包括手机在内的许多产品，中国已经在很多发展中国家占据了较大的市场份额。

这条钢铁巨龙消耗了众多原材料，用掉了大量的能源。目前，中国发电量已经比美国高出 1/3 左右。2012 年，中国的发电量第一次超过美国，这意味着美国在第一次世界大战前超越德国占据的发电量世界第一的位置百年来首次易主。而在这短短的几年内，中国的发电量已经比美国高出 1/3。这一巨大的生产系统消耗了这么多原材料，用掉了这么多能源，必然会产生大量的排放。据统计，2017 年中国二氧化碳排放量相当于美国与欧盟之和的 1.07 倍，这意味着如果在全球碳减排中中国不作出绝对的减排承诺，在《巴黎协定》中中国不起到主要的关键作用，那么全世界碳减排的目标大概率很难实现。在 2009 年全球企业碳排放 500 强榜上，中国的五大发电集团已经占据了第 1、第 2、第 3、第 4、第 7 五个位置。中国庞大的生产体系在为全世界带来"中国制造"产品的同时，也产生了可观的排放和副产物。

从价值链或微笑曲线角度来看，中国占据的是增加值相对较低的出口加工部分。从"中国制造"转向"中国创造"，意味着中国必须向研发或营销等有高附加值的环节进军。除了微笑曲线，还有一条关于生产环节与排放的哭泣曲线，即越是在中间的加工生产环节，排放量和能源消耗越高，而在曲线两端的研发营销等的排放量较低。而由于资源禀赋和生产特征等因素，中国恰好同时处在两条曲线的中段。

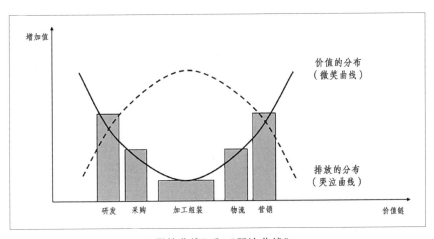

"微笑曲线"和"哭泣曲线"

二、融入全球价值链

拼图的第二片是融入全球价值链，这也是中国同时处在两个曲线中段的一个重要原因。从加入世界贸易组织前后中国的出口产品和产业结构来看：之前，无论是上游的原材料和矿产品，还是下游的设备等，中国各个产业的贸易相对较为平衡；之后，中国各个产业部门在整个全球价值链中的位置发生了巨大变化，中国目前贸易赤字的最大来源是矿产品，最大盈余由最初的纺织品和衣物逐渐演变为现在的机械和机械设备。这都是中国加入世界贸易组织以来整个生产系统内嵌于全球价值链后带来的一个大分化。中国不再仅仅依靠内部的体系保持贸易平衡，而是走入了一个大进大出大开大合的时代。

微笑曲线体现的就是全球价值链。在 2017 年全球价值链发展报告中，世界银行首次证明了这一以前被认为仅是理论或者概念意义描述的微笑曲线。

以中国在全球价值链中分工最为典型的电气和光学设备出口行业为例，1995 年中国的增加值比较低，且刚好处在该行业上游和下游的中间，说明该行业在中国既有一部分生产使用，也有一部分对消费者的生产使用。2009 年该行业的微笑曲线显示，德国和美国等国家的产业增加值越来越高，同时该产业总体创造的增加值越来越多地被中国获得，然而中国在整个链条中的位置依然没有发生大的变化。这表明随着全球价值链的演化，在全球所有产业中，中国的电子产业在整个全球价值链中获得的价值最大，并削弱了很多其他国家电子行业的相对竞争力。这也是微笑曲线在整个全球价值链中演化的一个实证结果，展示了价值链的分布。

下面以手机为例描述日常生活中价值链的身影。苹果手机背面写的不再是传统的"中国制造"，而是"在加州设计、在中国组装"。这是一种全球价值链中产品设计和生产相分离的典型标注方法。这体现出当前中美贸易摩擦中另一种分析与判断：2010 年《华尔街日报》报道，虽然当年从中国出口到美国的苹果手机为中国创造了 19 亿美元的贸易盈余，但据一些学者和亚洲开发银行等机构分析，扣除大量的来自日本、韩国等其他国家的零部件带来的增加值后，中国真正创造的增加值只有 3.6%，即每组装加工一部苹果手机可获利 6.5 美元左右。报道还补充，如果将从美国先出口到中国再回到美国的一部分零部件纳入计算，当年中国对美国的这项贸易应该是 4800 万美元的贸易赤字。这表明，采用传统的方法计算两个国家的贸易逆差和顺差已经出现较大的偏差，例如，同样采用 2011 年前后的数据进行计算的结果显示，2011 年中国对美国的出口中，按照传统方法计算，电气和光学设备出口行业贸易盈余大概有 1400 亿美元，按照价值链法计算，该行业贸易盈余不到 300 亿美元，仅相当于传统结果的 1/6 左右。这说明在全球价值链时代，可能需要一个新的指标或"换一把尺子"来衡量传统意义的贸易顺差、贸易逆差和分工的位置。

当然，对于更多的人来说，从与他们实际生活相关的"中国制造"来理解全球价值链或许更容易。2008 年，美国一位女记者出版了《没有"中国制造"的一年》一书。作者定下的目标是，一年内不购买任何标有"中国制造"的商品，以观察自己生活的变化。书中的一个结论是，离开"中国制造"，儿童用品如玩具、鞋或者衣服等几乎没有选择余地。这是 2008 年美国公众对"中国制造"在全球价值链中的一个印象。今天，从每年 1 月在美国拉斯维加斯举行的消费者电子展来看"中国制造"的变化，2018 年，美国媒体对所有参展的厂商根据生产注册地进行了分布统计，结果显示，排名第二的是生产注册地在美国的企业，一共 94 家；而排名第一的是生产注册地在深圳的企业，有 482 家；排在后面的是东莞、北京、广州、宁波、上海等。通过对比可以发现，"中国制造"的内涵已经悄然发生了变化。现在从单一劳动力成本来看，"中国制造"并没有明显的优势，甚至几乎已经不具备优势，但在信息通信技术产品领域，在规定的时间内以最高的质量实现产品的组织和生产，中国依旧是全球效率最高的地方。中国在全球价值链中的位置开始逐渐上升，特别是以深圳、东莞为代表的价值链组装，已经变成一种全新的价值链供应模式。有调查显示，一个个人使用的电子产品的原型产品，在深圳，平均两周可以实现从设计到加工再到第一个实验产品的制成，这在全世界任何其他地方都无法实现。

除了高技术产业和少量 ICT 产业，中国还在其他领域大显身手。据亚洲开发银行《2015 年亚洲经济一体化报告》显示，2014 年，中国在对亚洲的产品出口中，高技术产品、中高技术产品、中低技术产品、低技术产品均位列第一。这就对当年日本的雁阵模式提出了挑战：以日本的安排，将亚洲各个经济体比喻成一群大雁，日本作为头雁，后面有像"亚洲四小龙"、"亚洲四小虎"、中国和越南等跟随者，队伍有序整齐，各国逐渐前进，持续升级。但一只超级大雁在这个队伍之外横空出世，它不仅体量大，而且头已经伸到了高科技产业，脚还在低技术产业施展威力，这就使原来日本所设想的理想雁阵模式被打乱，也使雁阵模式几乎不再存在，整个雁阵需要重新排队。这只超级大雁产生的能量和气流非常巨大，使整个东亚地区的生产网络分工都进行了重组。国际货币基金组织第一副总裁对此给出的评价是：我们即使不去看前面的数据，中国也已经成为全球供应链的中心，也成为一个重要的需求来源地。这是中国加入全球价值链后显现的另一个发展趋势：不能仅仅依靠出口或生产，还应该成为全球重要的需求来源地。这也是中国举办中国国际进口博览会的目的，让中国人以全世界都在用中国的产品而感到自豪，将来会有越来越多的国家因他们的产品为中国消费者所用而感到骄傲。中国真正融入全球价值链后，需要在供需和进出口两方面保持平衡。

融入全球价值链也改变了中国消费者的面孔。1984 年的《时代》周刊的中国新面孔封面，配图是一个在长城上拿着可口可乐、略显腼腆的中国年轻人的照片。这是中国的消费者第一次消费可口可乐这种全球化的产品，也是中国第一次面向世界、走向世界的重要标志。而 30 年后的《经济学人》封面以"阿里巴巴陷阱"为题，配图内容为新兴消费模式——网购。2018 年 11 月在第一届中国国际进口博览会上披露的数据显示，中国已经成为全世界最大的食品进口国。整体需求的上升和价值链的扩展，需要庞大的物流体系、支付体系等各方面体系作支撑，这对于"中国制造"的产业升级同样重要：无论需求升级还是降级，需求端的结构影响生产端的结构。例如，物流服务，中国的物流一直以来都不够发达，1200 年前，从广东运送一份新鲜的荔枝到长安，需要动用整个国家的军事系统。但今天如果想从广东订一份新鲜荔枝，商家可能还会提供包邮以及各种打折优惠。物流体系和生产系统使"中国制造"在融入全球价值链之后形成了一个完备的庞大体系，有进有出，在这样的价值链中中国再进一步升级，"中国制造"向上升级才是一个完整的流程。习近平主席 2018 年两次提到开放的讲话十分到位，第一次在博鳌亚洲论坛上的讲话，以"开放共创繁荣，创新引领未来"为题，提出：过去 40 年中国经济发展是在开放条件下取得的，未来中国经济实现高质量发展也必须在更加开放条件下进行。第二次是在第一届中国国际进口博览会上的讲话，专门给所有来参展的人一颗巨大的定心丸，指出：中国将始终是各国拓展商机的活力大市场。这就是中国的一进一出，进入全球价值链后形成的"中国制造"的第二片拼图。

三、持续的技术升级

拼图的第三片是持续的技术升级。党的十九大报告中有很多这方面的内容：创新是引领发展的第一动力、提高供给体系质量、迈向全球价值链中高端等。中国领导人心里都有一个深刻的理念：核心技术是买不来的。所以，技术升级、产业升级根本上要靠自主创新这一重要的力量来推动。前些年中国在全球价值链中的高科技产业似乎已经取得了比较不错的成绩，拥有了比较大的比重，以至于国际学界出现了中国的出口商品结构高度化之谜的论调，即以人均 GDP 水平，中国的高技术产品出口在整个出口中的结构比重比美国、英国、德国、日本都要高。这其中的原因有：中国出口的高科技产品，从总量来看，相当一部分是加工贸易，2016 年中国的进口中 42% 是加工贸易，出口中 61% 是加工贸易，从所有制来看，三资企业在其中的占比一直在 80% 以上；中国内嵌于整个全球价值链，这些高科技产品的生产有相当多并不是"中国创造"。中国出口那么多高科技产品却不是"中国创造"，表明中国在整个创造体系、创新体系中没能占据价值链中高端位置，原因从中国的研发分布可见一斑。一般情况下，高科技产业的研发应该是较高的，且在所有研发中占比是较大的，因为经济合作与发展组织在定义高科技产业时是以产业研发强度高、产业研发支出大作为衡量标准的。对比发现，美国产业结构中的研发支出结构，高科技产业的研发支出相当于中低技术产业的 2 倍左右，而中国的情况正好相反，高技术产业的研发强度相当低。例如，东南沿海的某太阳能电池生产商半年内实现产品从袜子到太阳能电池的飞跃，秘诀在于准确地找到了太阳能电池产业中适合本厂的生产环节，即将电池模组购入，进行玻璃封装之后便可进行销售。中国很多高科技产业从起步阶段，就没有在研发方面有所支出。但这些年情况有所变化，首先在高科技产业各种指标中，包括出口交货值、主营业务等，外资企业的比例都在下降。中国出口产品中使用外国产品的比例也在逐渐下降，从原来接近40%，到现在下降至20%，即只有1/5的中间商品从国外来。这个过程代表着中国国内企业在高技术产品产业技术的不断升级。中国的研发和升级主要集中在中高技术产业。

2002年，全球企业研发支出2500强排行榜中，中国企业数为0，此后不断增加，到2016年，上榜企业里中国376家，日本365家，中国第一次超过日本，成为第二。虽然和美国相比仍有一定差距，但说明中国企业的研发支出在逐步攀升。正是因为有了研发方面逐步投入带来的产业升级，越来越多的国内企业特别是高科技产业能够在出口中使用更多的国内要素。在研发的产出方面，根据世界知识产权组织依照提交申请人国籍进行国际专利排名的排行榜，2017年华为、中兴分列第一、第二。中国一些领军企业在科技创新的产出指标方面出现了比较快速的上升，这是"中国制造"能够转向"中国创造"的一个重要的核心推动力，而且从空间区域来看，深圳－香港、北京已位列十大国际专利聚集区。

未来中国的科技创新，有两种人会成为主要的驱动因素并有可能释放红利。第一种是工业机器人。中国对于机器人的使用需求增长很快，2017年中国已经是全世界第一大工业机器人市场，虽然其中相当一部分机器人达不到完全国产的程度。据估算，如果中国工人的平均生产能力可以达到全世界的平均水平，那么中国的工业产出将会占世界的 1/3，而现在中国工业机器人的使用密度和强度已接近世界平均水平。第二种是科学家和工程师。当今中国理工科专业的培养在全世界大型经济体中位列前茅，中国高等教育毕业生中理工科专业的占比大约在 45%。除了可能存在理工科专业分科过细的问题，设想如此多的理工科专业的毕业生，都会变成中国未来的科学家和工程师，这是一个最庞大的人力资源来源。这些未来的科学家和工程师，才是中国未来产业升级最宝贵的财富。中国现在有越来越多的年轻人走向了研究岗位甚至自己创业，在谈到"中国制造"升级到"中国创造"时，应该具体落实到人身上。

过去 40 年，"中国制造"主要依靠两条腿走路：既有技术的吸收与消化，也有自主研发和创新。这个体系未来可能会变得更灵活、更开放、更丰富，因为当远离创新前沿的时候，找准方向埋头苦干，逻辑非常简单，但是当离创新前沿越来越近的时候，没有人敢说正确的创新方向具体在哪里。所以应该给年轻人、创新企业、创新资本更多的灵活和方便，允许各个方向上的探索。这样的创新、创新体系和创新模式才能满足中国将来走向"中国创造"的过程中对于创新的需求。

四、深度的资本动员

拼图的第四片是深度的资本动员。以与创新较为密切的风险投资为例，现在全世界风险投资从地理分布来看，主要分布在美国东西海岸、西欧以及中国沿海。2017 年北京位列全球风险投资量第二，仅次于旧金山，且增量居全球第一位。假设在北京召开一个论坛，不管是什么论坛，只要有人工智能和创新，那将一票难求。由此可见社会对于创新活力的需求是多么的强烈。这种情况下应首先赋予资本一定的灵活性。

从中国的制造业来看，考虑到汇率波动，中国制造业固定资本现在相当于美国的 3 倍左右。以如此的投资速度积累，在不久的将来中国制造业的资本存量会几乎等同于美国的资本存量。尽管中国以前人均资本量较低，底子薄，存量较少，但依靠近几年制造业固定资产投资持续增加的年积累量，到 2017 年，特别是 2018 年中国和美国的制造业固定资产的净额的排名会发生交替，这是一个重要的历史性事件。资本动员能力对于现代制造业的重要性是不言而喻的。没有深度、高效、庞大的资本动员能力，中国将很难建成一个规模如此巨大的制造业系统。

我们先从中国的资本动员能力的来源来看。2008 年金融危机之前中国国有银行的世界排名大约在二三十名，到 2016 年，按照银行资产排名，世界第一、第二、第三、第五名分别是中国的工商银行、建设银行、农业银行、中国银行。这背后反映了中国采用一种特殊的资本动员渠道或者方式：剪刀差。改革开放以前和伊始,中国通过工业部门和农业部门之间的资本转移实现了资本的原始积累,而过去这些年的资本积累或者资本动员更多的是依靠国家金融特别是国家银行体系的剪刀差,这种动员方式使中国的资本动员能力被充分调动起来。它的缺点在于,稍有不慎金融体系就可能对实体经济造成挤压,使利润的分布倾向于银行部门。在现有体系下,国家能够实现虚与实之间相对较好的平衡,事实上中国过去几十年超高储蓄率和超高的资本动员能力,特别是国内资本动员能力,一直是保障制造业或者整个"中国制造"高速增长达到今天的规模水平的一个重要因素。任何事物都有它的两面性,资本动员能力对于中国制造业发展的贡献是不可否认的。从国际上看,中国现在银行业的总资产和整个欧元区相当,可供动员的资本后备力量很大,怎么用以及怎么用好都是一个很大的难题。

除了国内资本的动员能力外,中国融入全球价值链,进入全球体系以后还有国际资本动员能力。1997 年中国十大经济新闻的第一个是香港成功捍卫了港元,还有一个就是中国的外汇储备当年位于世界第二。从那时起,通过分析之前的危机和一系列的学习经验,中国已经注意到一旦融入世界,融入价值链,进入世界经济的分工体系,除了国内资本动员能力之外必须拥有足够的国际资本动员能力,如果没有这种动员能力,当面临像亚洲金融危机这样的事件时,工业体系建设的成就可能毁于一旦。经过多年努力,中国的国际资本动员能力在 2016 年迈上了一个新台阶:

人民币入"篮"，占比与当年的法郎和现在的日元比例相当。这表明中国的国际资本动员能力有了一定的保障，至少世界对人民币的认可程度在提高，人民币的国际化似乎已经小有成就。但对比人民币和美元在主要资本动员能力上的几项指标，无论是外汇交易、贸易融资、外汇储备，还是银行信贷、国际债券、跨境支付等方面，都可以发现人民币和美元的动员能力还有巨大差距，这个差距需要较长的时间才能逐渐缩小。国际资本动员能力体现在很多方面，例如，德意志银行和美国国家经济分析局都进行过相关计算，一方面，美国对中国每年有 3000 多亿美元的庞大贸易赤字；另一方面，美国在华子公司 2015 年的销售额为 3558.4 亿美元，中国在美子公司销售额为 220.88 亿美元，美国对中国的销售顺差有 3337.52 亿美元，两者相抵使中美双边的差额基本被抹平。国际资本动员能力，是国际资本投入其他地方市场并在当地取得收益和利润的能力。这样的动员能力是中国在"中国制造"真正升级为"中国创造"乃至"全球创造"过程中需要着重强化的一股重要力量。

过去，"中国制造"依赖制造业资本，特别是中国国内的资本深化和动员能力。在这个意义上，中国的动员效率和动员能力毋庸置疑，但未来的发展需要更好地用好中国的金融体系，从数量型走向质量型，从单一的银行为主到多元性的各种创新资本来实现，从仅靠国内走向国内国际两条腿并行。这样资本动员体系和高水平高效率的资本动员能力构成了"中国制造"逐渐升级到

"中国创造"非常重要的第四片拼图。

五、从"四片拼图"到广义的"微笑曲线"

首先，这四片拼图组成一个有机的整体：巨大的制造系统是中国经济巨人的骨骼和肌肉，或者是运动系统的基本架构；融入全球价值链是消化和呼吸系统，与外界有进有出，实现要素的流动；持续技术升级像神经系统，提供创新的动力和信号；资本动员能力如同循环系统，使血液能为经济体各个部分提供所需的养分，例如，现在提到的实体经济和虚拟经济的关系，指定组织供血不足，不是因为血液不够多，而是因为血流不畅，出现的栓塞太多。只有体系变得更加流动高效和流畅，循环系统才能真正助力实体经济。在这个意义上，资本动员不是一个非黑即白的概念。所以，四片拼图是一个有机的整体。

其次，四片拼图背后蕴藏着从"中国制造"到"中国创造"升级的四个核心关系。一是中国制造系统未来需要理顺入和出或者供给和需求的关系。如果没有国内的需求和消费对整个制造系统的支撑，单靠出没有入，就不是一个平衡的系统。二是中国在融入全球价值链后需要处理高和低的关系。这并不是要求只聚焦于发展高科技产业，因为融入全球价值链为中国创造了大量的就业机会，创造了大量的税收。这里的高和低之间存在辩证关系，实际上任何一个产业只要能够做到小领域的隐性冠军，成为其尖端，同样可以被称为高。产业升级不是简单的腾笼换鸟，不是将所有的低端产业全部抛掉后换成高技术产业，而是任何一个产业在行业内同样可以升级，像箱包行业，如果能达到路易威登水准，也是产业升级。三是持续的技术升级需要处理快和慢的关系。产业竞争创新投资要快，而原创性技术、基础研发和基本的核心技术的创造要慢。快和慢的关系表明，在未来持续技术升级中有些东西急不得。四是深度的资本动员，需要处理好实和虚的关系。

最后，从价值链或者从整体的图景来看升级方向，可以用广义的价值链模型，或称之为广义的微笑曲线模型，来解读未来中国从"中国制造"到"中国创造"的升级。以往微笑曲线的中间加工环节增加值最低，而两端的采购、物流、研发、营销增加值较高。在这两端之上，研发上游、技术标准，不仅需要大量的资金投入，还需要庞大的价值链作支撑；营销的下游，面向消费者的首先应该是品牌。品牌继续向外延伸就是文化软实力。对品牌和推销的认可是对文化的认可。中国的文化软实力是广义价值链升级的右端，而左端是科技硬实力。随着链条的上升可以看到需要越来越庞大和越来越深化的资本动员能力，越往上这个游戏越贵。在此之上是国际政治经济秩序。所以，广义价值链真正往上升级，从"中国制造"升级为"中国创造"，中国的创造能否被人认可，能否真正成为在科技硬实力和文化软实力方面都有支撑的"中国创造"，在价值链之上还要考虑国际政治经济秩序。这就是今天理解从"中国制造"到"中国创造"升级一个基本的框架。

总而言之，"中国制造"改革开放 40 年来崛起所依赖的几个重要的优势，一是作为一个巨型制造系统的规模优势，二是融入全球价值链后获得的效率优势，三是通过持续技术升级获取的能力优势，四是经常被忽视的由深度资本动员能力形成的整合优势。这四个优势是中国能够从过去走到今天的一个重要基础。

通过四片拼图的理解框架，未来转向"中国创造"，中国需要连通制造系统的入和出（供和需），整合价值链上的高端和低端，协调技术升级系统的节奏，也就是快与慢，并平衡资本系统的虚和实。提升创新要素能力，扩大国际资本动员能力，是目前"中国制造"转向"中国创造"最重要的两个方面。唯有如此，中国才可能真正迈向全球价值链的高端。

第三篇

伟大复兴

★ ★ ★

实现中华民族伟大复兴是万里长征。当前，我国已经全面建成惠及14亿人民的小康社会，如期实现第一个百年奋斗目标。接下来是全面建设社会主义现代化国家，实现第二个百年奋斗目标。这是几代人的持续接力赛，每一代都有历史赋予的使命和任务，都创造了辉煌的成就，诚如习近平总书记所言："我们要一棒接着一棒跑下去，每一代人都要为下一代人跑出一个好成绩"。

中国能够如期实现第一个百年奋斗目标绝非偶然，除了具有一般发展中国家的后发优势、比较优势之外，最重要的是创造和发挥了具有中国特色的制度优势，即党的十九届四中全会通过的《中共中央关于坚持和完善中国特色社会主义制度、推进国家治理体系和治理能力现代化若干重大问题的决定》所概括的中国特色社会主义制度和国家治理体系"十三个显著优势"，它们构成了更加系统更加完整更加有效的中国制度体系。

进入全面建设社会主义现代化国家的新发展阶段，制度优势将成为中国实现第二个百年奋斗目标、实现中华民族伟大复兴的基本优势、综合优势、强大优势、长期优势。

我们正处在世界百年未有之大变局和中华民族伟大复兴的战略全局的历史交汇期。两者同向同步，相互影响，相互作用。中国本来就是世界百年未有之大变局的最大变量，既是自变量，又是因变量，既加速了世界百年未有之大变局，也加速了中华民族伟大复兴。

充分发挥中国制度优势，实现"两个一百年"奋斗目标 ①

胡鞍钢

清华大学国情研究院院长，公共管理学院教授

---

① 此文系胡鞍钢教授在"国情讲坛"第四十四讲的文字记录稿，2019 年 12
月 11 日。

当代中国的关键词是"现代化"，以往是毛泽东提出的"四个现代化"，后来是邓小平提出的"两步走"到"三步走"，继而从 21 世纪以后，从"三位一体"到"四位一体"，到党的十八大以后提出的"五位一体"，这是我们做国情国策研究的主要方位。

今天我要讨论的主题是"充分发挥中国制度优势，实现'两个一百年'奋斗目标"，这是为我们实现"两个一百年"奋斗目标在制度上的安排，我会从不同方面进行阐述。

一、中国奇迹的根本原因是中国制度优势

第二次世界大战后，世界主权国家从 50 多个发展到现在的 190 多个，再加上 40 多个地区，这种国际竞争的力度、广度、深度可以说是前所未有的。

那么怎样衡量一个国家的成功呢？我们要量化研究，而不是简单地说这个制度好，那个制度不好。从历史变迁的角度来看，在世界同期，我们总结了中国四大历史变迁和发展奇迹。

第一个奇迹是从世界最大的绝对贫困社会跨越式进入世界最大的小康社会。根据世界银行的绝对贫困标准，按不变价格计算，每人每日支出不超过 1.90 国际元。根据这一标准，中国在 1981 年绝对贫困人口是 8.84 亿人，到 2015 年减至 962 万人，贫困发生率从 88.3% 下降至 0.7%，中国已经终结了绝对贫困，即贫困发生率小于 3.0%。中国在 1981 年绝对贫困人口占全球的 46.45%，到 2015 年已经下降至 0.7%，对全球的贡献高达 74%。

第二个奇迹是世界上唯一一个国家用了 40 年时间迈上几个大台阶。中国从 1990 年以前的极低收入，即低收入水平的一半，到 1990 年迈上第一个台阶，进入低收入阶段。2000 年迈上第二个台阶，达到中低收入。2010 年迈上第三个台阶，也就是今天的中高收入阶段。接下来，中国将在 2025 年前迈上第四个台阶，达到高收入阶段。没有任何其他国家在 40 年内完成这样的"四个台阶"。

第三个奇迹是世界上唯一的从极低人类发展水平迈上低人类发展水平，并在 2010 年后迈上中人类发展水平，目前迈上高人类发展水平。2019 年 11 月 7 日，我在联合国开发计划署（UNDP）在华 40 周年庆祝活动上提到这个观点，并且 12 月 10 日 UNDP 刚刚向全世界公布，中国的人类发展指数（HDI）达到 0.758。在"十四五"时期，我们可以非常从容地迈上第四个台阶，迈上极高人类发展水平，即大于 0.80。

第四个奇迹也是唯一的，从 1978 年到 2018 年，按照不变价格计算，我国 GDP 平均增速达到 9.4%。日本从 1950 年到 1973 年，也只有 23 年的时间达到 9.2%。

这四个奇迹的发生是同时的，绝非偶然。中国所创造的世界有史以来最大的减贫奇迹、经济发展奇迹、人类发展奇迹已经载入人类发展史册，中国特色社会主义制度是我们创造发展奇迹的根本保障，因此有必要认识我们自己的制度，必须有自觉性才能做到制度自信。

制度优势是中国独特的优势。很多后发国家都有后发优势，也都有比较优势，尤其是在开放条件下，但那么多后发国家为什么没能像中国一样做到这些呢？党的十九届四中全会提出了两个奇迹，经济快速发展奇迹、社会长期稳定奇迹，实际上是相互联系的因果关系，我们也认识到三个稳定的重要性，第一个是经济稳定，第二个是社会稳定，第三个是政治稳定。

我们说的三个稳定都是典型的全国性公共产品，而这是由谁来提供的？由中国共产党及中国政府提供，如同新鲜空气，平时看不见、摸不着，但每时每刻都需要它。

二、从开拓中国道路到发挥中国制度优势

怎么认识中国的制度优势呢？这个命题非常清楚，就是如何从开拓中国道路到发挥中国治理优势。

以邓小平同志为主要代表的中国共产党人，明确提出走自己的道路，建设有中国特色的社会主义，我们把它称为成功地开辟了中国道路。到底中国应当实行什么样的制度？有什么样的标准？这就是当时邓小平所碰到的一个基本问题。1980 年，他就有高度的制度自觉、制度自信，他强调："我们进行社会主义现代化建设，是要在经济上赶上发达的资本主义国家，在政治上创造比资本主义国家的民主更高更切实的民主，并且造就比这些国家更多更优秀的人才。"邓小平认为这三条标准和要求有的时间可以短些，有的时间要长些，但作为一个社会主义大国，中国能

够也必须达到。邓小平是非常务实的，他提出的标准不是西方标准，不是像选举之类的标准，他讲得非常清楚。

当中国对外开放之时，邓小平就有这种自觉的意识，也就是说中国可以向西方学习科学技术、企业管理经验、引进西方的资金、支持各种人才出国留学，中国也向西方开放市场，目的就是实现第一个目标，在经济上尽快赶上发达的资本主义国家。但是，在政治上绝对不照搬照抄西方模式，而且要超越西方模式，创新中国的民主制度。中国的民主包括人民民主、协商民主、基层民主等，显示了这种民主的多样性和中国特色，超越了一般的选举民主。

另外，我们可以看到与中国成功道路相反的，就是苏联和东欧的失败道路。戈尔巴乔夫转向采取西方民主制度，实行总统制，1990 年 3 月，戈尔巴乔夫担任了第一任也是最后一任苏联总统。10 月，他获得诺贝尔和平奖，西方送他一个"大奖"。1991 年 8 月，戈尔巴乔夫辞去了苏共中央总书记的职务，宣布苏共中央自行解散，12 月，他宣布辞去苏联总统和武装力量统帅的职务，导致了前所未有的大解体，苏联一分为十五，导致了大倒退。

一个国家的决策失败是最大的失败，一个国家的决策成功是最大的成功。20 世纪 80 年代末到 90 年代初，有两种不同的决策：一种是中国按照邓小平的提法"稳定压倒一切"，保持了政局稳定；另一种像苏联一样，解体了。

如何评价一个国家政治制度的优劣？除了前面邓小平提出的三条标准，习近平总书记提出了八个方面的判断。习近平总书记指出："评价一个国家政治制度是不是民主的、有效的，主要看国家领导层能否依法有序更替，全体人民能否依法管理国家事务和社会事务、管理经济和文化事业，人民群众能否畅通表达利益要求，社会各方面能否有效参与国家政治生活，国家决策能否实现科学化、民主化，各方面人才能否通过公平竞争进入国家领导和管理体系，执政党能否依照宪法法律规定实现对国家事务的领导，权力运用能否得到有效制约和监督。"①一个国家政治制度的优劣不是根据名义上、文本上、口头上的判断，而是需要经过实践检验、社会检验、历史检验，是否在整个国家和社会真正行得通、真正管用、真正有效果。

经过 40 多年世界上最为广泛、最大规模、最为复杂、最为丰富的改革实践检验，中国不仅达到了邓小平提出的标准，而且大大地丰富了这一标准，这就充分体现在党的十九届四中全会通过的《中共中央关于坚持和完善中国特色社会主义制度、推进国家治理体系和治理能力现代化若干重大问题的决定》之中，其首次系统梳理、全面总结、高度概括中国特色社会主义制度和国家治理体系具有 13 个方面的显著优势，既揭示了新中国 70 年发展奇迹的制度优势的根本原因，又为实现"两个一百年"奋斗目标

---

① 习近平：《在庆祝全国人民代表大会成立六十周年大会上的讲话》，《求是》2019 年第 18 期。

提供了整体制度优势、长期制度优势。

我们怎样自觉地认识中国的制度优势呢？那就要了解中国制度从何而来，《中共中央关于坚持和完善中国特色社会主义制度、推进国家治理体系和治理能力现代化若干重大问题的决定》中都给出了非常详细的分析，可以从历史的逻辑、理论的逻辑、实践的逻辑和国际比较来进行分析，以便更好地认识中国的制度优势，从而为实现"两个一百年"奋斗目标提供基础。

三、中国共产党领导的最大政治优势

党的十九大报告明确提出党是最高政治领导力量，党政军民学，东西南北中，党是领导一切的。中国共产党是执政党，就要不断提高执政能力。

党的十六届四中全会通过了《中共中央关于加强党的执政能力建设的决定》，首次对执政能力作出概括：党的执政能力，就是党提出和运用正确的理论、路线、方针、政策和策略，领导制定和实施宪法和法律，采取科学的领导制度和领导方式，动员和组织人民依法管理国家和社会事务、经济和文化事业，有效治党治国治军，建设社会主义现代化国家的本领。

如何理解中国共产党走向成功？首先，没有共产党就没有新中国；其次，没有强大的共产党就没有强大的中国；最后，没有强有力的党中央就没有强大的党。

中国与美国的不同就在于中国是民主决策，听取各方意见，

而不是由总统个人决策。在充分民主的基础之上，党中央集中全
党的政治智慧，中央政治局集中领导集体政治智慧，当然就优于
总统个人智慧。最重要的是以一整套会议制度方式，如党的全国
代表大会、中央全会、中央政治局会议等，作出正式决定，充分
反映了中国共产党民主集中制的决策优势。这完全不同于美国总
统个人命令式决策。中国是基于一系列规定和制度的决策，就是
民主集中制决策，这就完全不同于西方。因此，我们对这套制度
有自觉和自信，而不是盲目自信。

中美的竞争本质上就是国家制度的竞争、国家治理的竞争，
更是国家领导人决策力、领导力的竞争。最高决策者任性随意
作出的决策，必定是糟糕的决策，如美国哥伦比亚大学教授杰弗
里·萨克斯所言，2003 年小布什基于 1% 的风险决定发动伊拉克
战争，特朗普沿袭了这一错误逻辑发动对中国的科技战，断言华
为的 5G 设备留有后门，使中国政府能够在全球范围内监测，损
害全球安全，其目标是遏制中国的技术崛起。这使我们更好地理
解了为什么中国会有国家制度优势、国家治理优势、国家领导人
决策优势。

四、人民民主制度优势

人民民主制度优势旨在极大调动 14 亿人民的积极性和创造
性，也是人民当家作主的重要途径和最高实现形式。

为什么中国创新并实行了人民代表大会制度而没有实行议

会制呢？这是历史的选择。辛亥革命之后，中国尝试过君主立宪制、议会制、多党制、总统制等各种形式。对此，毛泽东有高度的制度自觉性，作出了历史的选择。毛泽东曾指出："议会制，袁世凯、曹锟都搞过，已经臭了。"

国民政府时期，1946年、1948年召开国民大会，制定《中华民国宪法》，实行总统制，1949年蒋介石逃到台湾岛，在中国大陆彻底失败。毛泽东的结论就是新中国"不必搞资产阶级的议会制和三权鼎立等"。中国采用民主集中制的人民代表大会制度，以人民代表大会产生政府。这充分体现了毛泽东的国家制度创新。1949年1月，毛泽东在中央政治局会议上曾设想：中共二十八年，再加二十九年、三十年两年，完成全国革命任务，这是铲地基，花了三十年。但是起房子，这个任务要几十年工夫。形象地说，铲地基是铲除旧中国的地基（指旧制度），起房子是建立新中国的地基（指新制度）。毛泽东是新中国新制度的创意者、创建者。当时他最重要的建国制度设想之一就是创建民主集中制的人民代表大会制度。

人民代表大会制度是国家根本政治制度。一是国家一切权力属于人民，人民行使国家权力的机关是全国人民代表大会和地方各级人民代表大会；二是所有国家机构都实行民主集中制的原则；三是采取人民代表大会一院制，不同于其他国家的两院制，全国及地方各级人民代表大会通过民主选举产生；四是全国人民代表大会设立常委会，作为最高国家权力机关的常设机关；五是国家行政机关、监察机关、审判机关、检察机关都由人民代表大会产生，对人民代表大会负责，受人民代表大会监督；六是中央和地方国家机构职权的划分，遵循在中央的统一领导下，充分发挥地方的主动性、积极性的原则。人民代表大会制度是宪法所确定的根本政治制度。

中国共产党领导的多党合作和政治协商制度是我国政治制度的一个鲜明特点和独特政治优势，是社会主义协商民主的重要组成部分和重要渠道。这就形成了中国特色的新型政党制度，即共产党领导、多党合作，共产党执政、多党派参政。政治协商制度更加完善，代表性更加广泛，民主党派参政能力不断提高，能够直接向中共中央提出建议，包括民主党派每年以调研报告、建议等形式直接向中共中央提出意见和建议，民主党派负责同志以个人名义向中共中央和国务院直接反映情况、提出意见等。这就不同于西方的政党制度，两党制、多党制，轮流坐庄，恶性竞争，反对党为反对而反对。所谓民主选举，不过是以选民为王为理念，以选票最大化为目标，以利益集团利益最大化为目的，每次选举都会出现否决机制、"翻烧饼"机制，进而演化为不同利益集团公开冲突，造成社会撕裂、社会分裂。

诚如习近平总书记所言，"中国特色社会主义国家制度和法律制度是在长期实践探索中形成的，是人类制度文明史上的伟大创造"。这是经历探索—创新—成功—试错—再创新—完善的实践过程、发展过程。

五、全国一盘棋举国体制优势

习近平总书记指出，我们最大的优势是我国社会主义制度能够集中力量办大事。这是我们成就事业的重要法宝。过去我们取得重大科技突破依靠这一法宝，今天我们推进科技创新跨越也要依靠这一法宝，形成社会主义市场经济条件下集中力量办大事的新机制。

在不同时期，举国体制都承担了重要的历史使命，发挥了重要的历史作用，留下了重要的历史财富。新中国成立初期，人口众多，底子薄，全部工业固定资产只有100多亿元（1952年价格），人均固定资产仅为20多元，无法启动工业化。我国采用计划经济体制，实行第一个五年计划，集中全国人力、物力、财力，首次实现了9.2%（1952—1957年）的经济高速增长、近20%的工业增加值增长速度，为建立比较独立完整的工业体系奠定了基础，这包括钢铁、煤炭、电力、石油、机械制造、飞机、坦克、拖拉机、船舶、车辆制造、国防工业、有色金属和基本化学工业等，远远超过同期发展中国家工业增长速度，这是新中国工业化的奠基之作。

举国体制是国家治理的重要手段，本质上是举全国之力办全国人民的大事。新中国成立以来的国家重大工程，就是最典型的举国体制的成功案例。按国家重大工程开工分布看，主要集中在中西部地区，如陇海铁路、治理淮河工程、荆江分洪工程、宝成铁路、兰新铁路、"156 项重点工程"、鞍钢三大工程、康藏公路和青藏公路全线通车、武汉长江大桥、《一九五六——九六七年科学技术发展远景规划纲要》、"两弹一星"工程、川黔铁路、三门峡水利枢纽工程、刘家峡水利枢纽工程、成昆铁路、青藏铁路、南京长江大桥、葛洲坝水利枢纽工程等。这些工程成为工业化、城镇化、交通运输现代化的重要基础，至今使人民受益、国家受益、地方受益。特别是"两弹一星"工程，确保了中国国家安全。

改革开放以来，国家先后实施了一大批基础性、标志性、跨区域性的重大工程，起到了"前人栽树后人乘凉"的长期社会效应、经济效应、科技效应、生态效应。如三北防护林体系工程、宝钢工程、"863 计划"、长江中上游防护林体系建设工程、载人航天工程、"985 工程"、京九铁路、三峡工程、小浪底水利枢纽工程、"211 工程"、天然林资源保护工程、西电东送工程、退耕还林工程、西气东输工程、南水北调工程、武汉长江隧道、南京长江隧道、高技术产业工程重大专项、重大科技专项与重大科技基础设施、交通基础设施重点工程、生态保护重点工程、环境治理重点工程、特高压电网工程等。这些重大工程满足和支撑国家重大战略和长期发展需求，更好地利用市场竞争机制，更好地适应经济发展规律，让全国各地互联互通，重塑中国经济地理，构建全国统一大市场。

五年规划是举国体制的绝佳案例。在"十一五"规划中，共计12个领域，103项重大工程、重点项目，首次明确中央政府支持的重点领域：新农村建设（14 项）、公共服务（18 项）、资源环境（5 项）、自主创新（5 项）、基础设施（12 项），共计 54 项。在"十二五"规划中，又进一步扩大为 19 个领域，139 项重大工程、重点项目。在"十三五"规划中，再次扩大为 23 个领域，165 项重大工程、重点项目。在以上三个五年规划中，共计 407 项重大工程、重点项目相继开工，创下了中国工程、中国项目的历史记录，更创下了当今世界数量最多、覆盖人口最广、水平最高的现代化工程和项目的记录，有效地支撑我国实现第一个百年奋斗目标，也为实现第二个百年奋斗目标奠定了坚实基础。

六、民族大团结优势

从中国历史看，"一部中国史，就是一部各民族交融汇聚成多元一体中华民族的历史，就是各民族共同缔造、发展、巩固统一的伟大祖国的历史"[1]。

中国有两大惊人之处，一是从小国林立走向大一统，二是不同民族互相融合发展成为中华民族。根据历史记载，商汤时期有 3000 余国，西周时有 1773 国，春秋时有 1200 国，战国时仅剩十余国。从秦始皇之后又经过了两千年，中国成为当今世界最大的发展中国家，显示了中国特有的政治上的统一，经济上的统一，文化上的统一。

---

[1] 习近平：《在全国民族团结进步表彰大会上的讲话》，《人民日报》2019 年 9 月 28 日。

我们比较一下汉朝、罗马帝国、奥斯曼帝国，可以发现公元元年到 200 年，汉朝和罗马帝国处在同样的鼎盛时期，管辖疆域面积都在 500 万平方公里以上，总人口规模均在 6000 万以上，尽管汉朝被三国所替代，但主体政权和主体民族并没有解体，而西罗马帝国于 476 年分裂为十个王国，东罗马帝国于 1453 年灭亡，发展为现在的 43 个欧洲国家。奥斯曼帝国因在第一次世界大战中战败于 1922 年解体，国土面积仅为 78.36 万平方公里，为鼎盛时期 550 万平方公里（1683 年）的 14.2%，没有一个国家像中国那样保持了"三个统一"。对此，英国著名历史学家阿诺德·汤因比赞叹道："就中国人来说，几千年来比世界任何民族都成功地把几亿民众，从政治文化上团结起来。他们显示出这种政治、文化上统一的本领，具有无与伦比的成功经验。这样的统一正是今天世界的绝对要求。"儒家的大一统思想，是通过从思想上的统一，达到政治的统一；通过文化的统一，达到天下的统一。这是中国历史发展的规律性特征，在世界史上也是绝无仅有的。这两大历史发展趋势，到了现代即新中国成立就必然进入"一体多元"的现代中国时代。

新中国成立之后，中国共产党创新了民族区域制度，保证了政治、经济、文化、法律等统一性与多样性的基本特征。1949 年中国人民政治协商会议筹备期间，中共中央曾对新中国到底采用联邦制还是单一制进行过深入的讨论。结论是，中国和苏联不同，不宜实行联邦制。苏联少数民族约占全国总人口的 47%，与俄罗斯民族差不多。我国少数民族只占全国总人口的 6%，并且呈现大分散小聚居的状态，汉族和少数民族之间以及少数民族之间往往相互杂居或交错聚居。

1949 年 9 月 7 日，周恩来在向政协代表所作的《关于人民政协的几个问题》报告中说：今天帝国主义者又想分裂我们的西藏、台湾甚至新疆，在这种情况下……我们国家的名称，叫中华人民共和国，而不叫联邦……我们虽然不是联邦，但却主张民族区域自治，行使民族自治的权力。为此《中华人民共和国宪法》序言规定："中华人民共和国是全国各族人民共同缔造的统一的多民族国家。"总纲第四条规定："各少数民族聚居的地方实行区域自治，设立自治机关，行使自治权。各民族自治地方都是中华人民共和国不可分离的部分。"这些规定表明，我国的国家结构形式是单一制的，是典型的"一体多元"，即单一制下的"一体"国家，即中华人民共和国，"多元"即各民族区域自治。作为有 14 亿人口的中国，有 56 个民族，除了汉族占总人口的 91.51% 之外，少数民族占总人口的 8.49%，建立民族区域自治制度，在国家统一领导下，各少数民族聚居的地方实行区域自治，设立自治机关，行使自治权。目前，我国有 5 个省级自治区、30 个自治州、120 个自治县（旗），充分体现了国家集中统一和民族区域自治相结合、民族因素和区域因素相结合。这一基本政治制度保证了国家统一、领土完整、各民族大团结，促进并带动了各少数民族地区跨越式发展。对此习近平总书记曾言：70 年沧海桑田、波澜壮阔，少数民族的面貌、民族地区的面貌、民族关系的面貌、中华民族的面貌都发生了翻天覆地的历史性巨变。

我们以西藏为例。20 世纪 50 年代之前，西藏处于政教合一的封建农奴制统治之下，神权至上，官家、贵族、寺院三位一体，牢牢控制着西藏的资源和财富，人民灾难深重，毫无自由可言。那时的西藏社会黑暗、落后。西藏不仅曾是中国最落后的地区，还曾是世界上最落后的地区，落后于时代几百年。新中国成立后，西藏地区生产总值由 1951 年的 1.29 亿元增加到 2018 年的 1477.6 亿元，按不变价格计算，相当于 1951 年的 263.81 倍，年均增长 8.7%，2018 年人均 GDP 达到 4.34 万元。按购买力平价计算，1990 年西藏人均 GDP（2011 年国际美元）为 1178 国际元，低于周边国家水平，如尼泊尔、印度、不丹、阿富汗、巴基斯坦、孟加拉国人均水平，更低于世界人均水平。到 2018 年，西藏人均 GDP 已上升至 10867 国际元，已经大大高于所有周边国家，比地理条件优越的印度人均水平高出 57.5%。1990—2018年，西藏人均 GDP 年均增长率为 8.26%，也大大高于周边国家的速度。旧西藏没有一条现代意义上的公路。现在西藏以公路、航空、铁路、管道运输建设为重点的综合交通运输体系逐步完善，到 2018 年末，公路总通车里程 97387 公里，其中有铺装路面总里程 27080 公里。接待国内旅游者 3321 万人次，相当于全区总人口（344 万人）的 9.65 倍，成为重要的国内旅游市场。这充分反映了民族区域自治制度不仅有利于促进民族自治地区跨越式发展，更有利于促进社会主义现代化建设事业蓬勃发展。

七、社会主义基本经济制度优势

发挥社会主义经济制度优势，不断解放和发展社会生产力。《中共中央关于坚持和完善中国特色社会主义制度、推进国家治理体系和治理能力现代化若干重大问题的决定》首次将公有制为主体、多种所有制经济共同发展，按劳分配为主体、多种分配方式并存，社会主义市场经济体制三项制度并列，都作为社会主义基本经济制度。

第一，在所有制方面，既坚持公有制主体地位和国有经济主导地位，又大力发展个体经济、私营经济、外资经济、各种混合经济等，更好地激发各类市场活力和创造力。这既不同于资本主义的私有制，也不同于传统的社会主义公有制，是中国特色社会主义的混合经济。这是因为中国拥有世界最大规模的劳动力人口，2018 年全国劳动力人口为 7.86 亿人，比经济合作与发展组织（36 个国家）的 6.41 亿人多出 1.45 亿人，仅靠公有制很难为城乡劳动力创造就业岗位，这就需要坚持两个"毫不动摇"。

第二，在分配制度方面，坚持按劳分配制度为主体，允许和鼓励资本、土地、知识、技术、管理、数据等其他生产要素参与分配，主要由市场机制发挥作用，调动各方积极性，多劳多得，多要素多得。让十几亿人民都富裕起来，仅靠劳动收入（工资性收入）显然是不够的，这就有一个从单一收入来源到多元化收入

（财产性收入、经营收入、转移收入）来源的过程。

第三，在资源配置方式方面，坚持社会主义市场经济改革方向，从高度集中的计划经济体制向社会主义市场经济体制转变，把有效的市场机制同有度的宏观调控结合起来。从政府与市场对立论到合力论，这如同东方巨人的两只手，即"看得见的政府服务之手"与"看不见的市场竞争之手"，两只手共同推动经济发展。

这三项基本经济制度相互联系、相互支持、相互促进，是社会主义基本经济制度体系中具有长期性和稳定性的部分，起着规范方向的作用，对社会主义基本经济制度属性和经济发展方式有决定性的影响。

总之，"十三个显著优势"构成了中国特色社会主义制度优势集，形成了系统优势、综合优势、整体优势、长期优势，这在世界上是独一无二的，充分体现了中国特色社会主义制度的强大生命力、创新力、创造力。既是当代中国创造世所罕见的经济快速发展奇迹和社会长期稳定奇迹的根本原因，更是实现"两个一百年"奋斗目标的基本优势、综合优势、强大优势、长期优势。

生态文明建设与
可持续发展①

钱 易

中国工程院院士，清华大学环境学院教授

---

① 此文系钱易教授在"国情讲坛"第十四讲的文字记录稿，2018 年 11 月 20 日。

今天，我讨论的主题是生态文明建设与可持续发展。我从三个方面来进行阐述：第一部分讨论可持续发展的由来和意义；第二部分讨论生态文明的实质和建设途径；最后回到国情这个问题上，来看一看关于推行生态文明建设，实施可持续发展战略，实现美丽的中国梦，中国做了什么，还需要做什么。

一、可持续发展的由来和意义

工业革命以来，世界发生了很大的变化，科学技术迅猛发展，工业水平大大提高，人民的生活也有了很大的变化。但同时，工业革命也带来了很多问题，主要有三大方面：资源短缺、环境污染、生态破坏。这些问题还带来了很多公害事件，20世纪有人总结了"八大公害事件"，这并不是说20世纪世界上仅出现了8个公害事件，而是8个事件最典型，提醒我们不要忘记。

在严重的环境问题面前，人类进行了非常严肃的思考。人类思考的历史，正是可持续发展诞生的历史。1962年，美国一位海洋生物学家蕾切尔·卡逊出版了一本书，书名非常有文采，叫《寂静的春天》，实际上她描写了非常残酷的现实。她说：美国的春天原来荡漾着鸟鸣的声浪，一片欢腾，但现在变了，一片奇怪的寂静笼罩着农村，成群的小鸟、牛、羊都病倒死亡了，农夫和他们的孩子都得了突然的不可解释的疾病，然后死亡了，所以一片奇怪的寂静笼罩着美国农村的春天。

卡逊非常敏感地将这种现象与化学农药的使用联系了起来。

正是因为美国在 20 世纪 40 年代发明了化学农药，在 20 世纪 50 年代生产使用了化学农药，农村的春天就发生了这么严重的变化。她非常前瞻性地联想到了人类与生物的健康和安全与经济发展模式的关系。她说："我们长期以来行驶的道路，容易被人误认为是一条可以高速前进的平坦舒适的超级公路，但实际上这条路的终点却是灾难。而另外的道路则为我们提供了保护地球的最后唯一的机会。"

这本书产生了非常深远的影响，虽然当时有很多人反对她，特别是化工界的人，但她影响了很多人。比如，罗马俱乐部就是受这本书的影响而诞生的。这个罗马俱乐部由 10 个国家的 30 位科学家、教育家、经济学家、实业家于 1968 年成立，研究人类共同面临的问题。经过 4 年的工作，他们发表了研究报告——《增长的极限》，主要观点是：地球的支撑能力是有限的，由于人口不断增长，粮食已经短缺，资源消耗很快，环境污染越来越严重。这些因素如果不加控制，到某一个时间就会达到极限，地球承受不了，经济就会发生不可控制的衰退。所以，为了避免超过地球资源的极限而导致世界崩溃，最好的方法是限制增长。

《增长的极限》的出版引起了强烈的反响和尖锐的论争。大家开始对人口增长、粮食短缺、资源消耗、环境污染等问题产生忧虑。但罗马俱乐部认为解决问题的方法就是限制增长，这个观点遭到了尖锐的批评和责难，引起了尖锐的论争。

联合国在 1972 年召开了人类环境会议，这次会议规模很大。

中国虽然当时根本不知道有环境问题，但也派了代表团去。中国第一任环保局局长曲格平是当时代表团成员之一，他曾经跟我说："我们中国人参加这次会，等于上了一次扫盲课，我们原来完全不懂什么叫环境问题，去了以后才知道，原来经济发展会带来环境问题。"

中国的环境保护工作是在 1972 年参加人类环境会议以后才开始的。这次会议发表的《人类环境宣言》向全球发出呼吁：已经到了这样的历史时刻，在决定世界各地的行动时，必须更加审慎地考虑它们对环境产生的影响。这段话今天过不过时？一点都不过时，那是一次高水平的会议。那次会议还做了一件非常重要的工作，决定成立世界环境与发展委员会。会议认为，罗马俱乐部《增长的极限》引起了这么激烈的争论，说明我们还没有取得共识，还需要研究有效解决环境问题的途径，这是委员会的任务。

世界环境与发展委员会不负众望，1983 年成立，1987 年发表了他们的研究报告《我们共同的未来》，报告有三个观点：第一个观点，环境危机、能源危机和经济发展的危机，三者不能分割。第二个观点，地球上的资源和能源，远远不能满足人类发展的需要，这个观点跟罗马俱乐部的增长的极限观点是一致的。第三个观点跟罗马俱乐部的观点完全不同，不是限制增长，而是我们必须为当代人和下一代人的利益改变发展模式。怎么改变？报告认为，我们需要一条新的发展道路，这条道路不是仅能够在若干年内，在若干地方支持人类进步的道路，而是一直到遥远的未来都能支持全球人类进步的道路。

新的发展道路有两个特点，一是发展不能是短期行为，一定要到遥远的未来，到千秋万代。二是不能够只惠及局部地方、某些国家，一定要惠及全人类。《我们共同的未来》给这种发展模式起了一个名字，就叫"可持续发展"。这是人类对于环境和发展认识的重大飞跃。

联合国于 1992 年在巴西里约热内卢举行了一次大会——联合国环境与发展大会，规模更大了，大家一致同意实施可持续发展战略。大会的宣言将可持续发展定义为：既符合当代人类的需求，又不至损害后代人满足其需求能力的发展。

从联合国的文件可以看出，可持续发展与传统发展的理论有很大的差别，主要有四个方面：第一，传统发展单纯地考虑经济增长，把经济增长作为目标，而可持续发展不仅关心经济增长，还关心社会的和谐与进步、资源节约和环境保护。第二，传统发展主要着重眼前利益和局部利益。我们习惯于关心自己所在的城市、省份和国家，但很少关心到全人类；而可持续发展关心子孙后代，千秋万代，关心全人类。第三，传统发展是资源推动型的发展，可持续发展强调知识推动，就是要发展高科技，提高资源的利用效率，用较少的资源取得经济较快的发展。第四，传统的发展是对自然进行掠夺的发展，而可持续发展强调，要跟自然和谐相处，也就是现在讲的生态文明建设。

2002 年 8 月，联合国又召开可持续发展世界首脑会议，会议的目的是总结提出可持续发展战略十年来所取得的成绩和存在的问题。大会的宣言里有一句非常尖锐的话："1992 年里约热内卢会议所确定的目标没有实现。"联合国的报告开门见山，一针见血，说可持续发展的目标没有实现："地球仍然伤痕累累，世界仍然冲突不断。海平面上升，森林遭受严重破坏，超过 20 亿人口面临缺水问题，每年有 300 多万人死于空气污染的影响，220 多万人因水污染而丧生，气候变化影响日渐明显。""世界面临其他挑战，地区冲突，恐怖主义，霸权主义，跨国犯罪，毒品走私，贫困人口有增无减，世界和平和安全受到威胁。"存在这么多环境问题、社会问题、政治问题和国际关系问题，可持续发展战略实施好了没有？没有！

2015 年，联合国可持续发展峰会通过了《改变我们的世界：2030 年可持续发展议程》，这个议程在 2016 年 1 月 1 日正式启动，包含 17 个可持续发展的目标，关心经济发展、社会进步、资源利用和环境保护等。例如，要在世界各地消除一切形式的贫困；要实现性别平等；要确保可持续的消费和生产模式；要建设具有包容性安全、有复原力的、可持续的城市和人类住区等。但可持续发展的任务到今天还没有完全实现，仍然任重道远。

2016 年，国务院总理李克强在联合国参加会议时发表了重要讲话，指出："中国已经全面启动落实 2030 年可持续发展议程工作……中国政府已批准并将发布《中国落实 2030 年可持续发展议程国别方案》，这是中国落实可持续发展议程的行动指南。"

我们的任务就是好好地落实《联合国 2030 年可持续发展议程》和《中国 2030 年可持续发展议程国别方案》。

二、生态文明的实质与建设途径

人类文明已经经历了原始文明、农业文明、工业文明三个阶段，这个过程中人类对自然的态度发生了变化。在原始文明时代，人畏惧自然；到了农业文明时代，人虽然能够改变一点自然，能够种粮食，能够改善自己的生活，但人还是觉悟到要依靠自然，爱护自然；到了工业文明时代，人的态度变成了征服自然，所以出现了很多问题，资源消耗了，环境污染了，生态破坏了。所以有人就提出我们应该跨上一个新台阶，叫生态文明，人和自然的关系应该是人爱护自然、尊重自然和仿效自然，按照自然规律办事，这样我们的经济社会才可能得到可持续发展。

应该说，可持续发展的目标跟生态文明的理念完全是一致的。在工业革命时代，西方很多工业发达国家有所谓的"人类中心主义"观念，代表性论点是：世界上只有人才有内在价值、道德地位、权力和尊严，而非人事物没有。"在人和非人事物之间没有道德关系。一切非人事物只是可兹利用的资源。"这种观念是造成全球生态危机的思想根源。我们现在讲生态文明，就要反对这种"人类中心主义"。

生态文明是与物质文明、政治文明、精神文明、社会文明相并列的现实文明之一。生态文明着重强调人类与自然的和谐相处，是可持续发展战略的思想基础，生态文明提倡环境伦理观。环境伦理观与中国传统的伦理道德相比有更丰富的内容。环境伦理观至少应该包括三大方面，首先是人一定要尊重和善待自然，不能乱砍滥伐，乱捕乱猎，要维护好生态系统的和谐稳定，主动顺应而不能违背自然地生活。

同时，人应该关心自己，关心人类，这个要求比我们过去的伦理道德观要求更广泛。我们要关心自己，关心自己的健康，关心自己的学习，关心自己的能力的提高。但这远远不够，我们还要关心人类。过去我们讲的伦理道德是尊老爱幼，对长辈、老师应该尊重，对于同辈应该和谐共处，对于子孙应该爱护，现在要求更高，要关心人类。

我们还应该做到着眼当前并且思虑未来，不能只考虑现在做出一些丰功伟绩，还要考虑所做的事对子孙后代会产生的影响。我们要负起责任，要节约资源，要谨慎地行动。

西方的工业化比中国早得多，环境问题的出现也早得多，因此西方早就有了生态文明的理念和实践。如西方经济学家 1971 年就提出生态经济学的构想，认为经济发展应该在地球系统生态和物理的约束下进行；1989 年西方就有了《生态经济学》国际期刊和国际生态经济学学会等。生态经济学认为经济系统是全球生态系统的一部分或子系统。

20 世纪 70 年代，西方国家就提出了工业生态学，就是要用生态学的规律指导工业的发展。工业生态学在 20 世纪 90 年代已经成了西方大学的必修课，中国现在也开设了这样的课程。

工业生态学有一些非常重要的理念。首先，工业生态学提倡产业共生代谢，就是说一个企业可以把产生的废料送给另外一个企业，或者另外两三个企业做原料，企业和企业之间形成共生代谢的关系。这样既可以节约自然资源，又可以减少废物排放，是一个经济环境双赢的方案，是一个保护生态、保护环境的好方案。其次，工业生态学有一种观念叫生命周期的管理，它认为：每一个工业产品都有一个生命周期，就像人的生命周期是从摇篮到坟墓一样。我们应该关心生命周期的每一个阶段，做到节约资源，减少污染。工业产品的生命周期包括开采资源、生产产品、销售产品、使用产品，产品被淘汰送到废品堆，也是"从摇篮到坟墓"的过程。但20年前有人把工业产品的生命周期改称为"从摇篮到摇篮"，即不能把废弃、淘汰的废旧产品扔到垃圾堆，而是想办法回收利用，也就是要把工业废品从"坟墓"提到"摇篮"里。这种观念引导了新的生产革命和消费革命，是一个非常大的飞跃。最后，工业生态学还提倡很多非常科学的方法，以达到节约资源、减少污染排放的目的，包括物质流分析、能量流分析、成本效益分析等。

西方很早就提出了生态城市的口号："生态城市是一种理想的城市模式，是可持续发展的城市。"中国对城市建设也提出了好多不同的名字，如美丽城市、花园城市、健康城市，希望建设生态城市也成为我们的发展方向。

西方还有一个口号叫开发城市矿山，这个城市矿山不是煤矿、铁矿、油矿，而是垃圾堆，他们把城市的垃圾堆说成城市矿山，认为垃圾是放错地方的资源，对于垃圾要做到减量化、无害化和资源化，变废为宝。

西方还有一个方程式，我特别欣赏，受益匪浅。这个方程式叫环境影响控制方程：I=PAT，环境影响（I）就是污染物排放量，或者是资源的消耗量，等于人口数量（P）乘以人均 GDP（A），再乘以单位 GDP 所产生的环境影响（T）。中国现在面临的问题是资源消耗量太大，环境污染物排放量太大，对环境的影响太大，希望减少这个 I。从这个公式看，用什么办法来减少这个环境影响？能不能减少人口数量来减少环境影响？不行。能不能减少人均 GDP 来减少环境影响？也不行，要建成全面小康社会，让大家过上好日子，还要增加人均 GDP。所以只能在单位 GDP 所产生的环境影响上下功夫，我们要减小这个 T。这个公式的发明者非常认真，他们把 1/T 定义为生态效率，意思是，消耗单位资源量能够支持的 GDP 的增长量，这个效率越高，反过来单位的 GDP 环境影响越小，所以他最后的结论是要减小总的环境影响，唯一的出路就是提高生态效率。

联合国环境规划署总结了欧盟 15 个国家人口数量、GDP、国内物质消耗和物质利用效率的变化，时间是从 1980 年到 2000 年。这 20 年间，欧盟的 GDP 增加了 56%，说明欧盟的经济状况很好。但资源消耗量有降有升，20 年增长了 2% 左右，我们思考一下，为什么 GDP 增长了 56%，资源消耗只增加了 2% 多一点？主要是因为另外一条线跟着 GDP 一块在上升，就是资源利用效率。可见欧盟是通过科技发展提高了资源利用效率，减少了资源消耗，保持了 GDP 的增长，这是中国应该学习的。

美国在 1975 年到 1994 年人均 GDP 已经达到 18000 美元至27000 美元。美国有三个特点，第一个特点，非常富裕，超级大国。第二个特点，人均资源消耗非常高，高于所有国家。第三个特点，随着人均 GDP 的增长，美国人均资源消耗已经在减少，出现了减物质化的趋势，这是应该予以肯定的。

德国前两个特点与美国接近，第三个特点更突出一些，德国的减物质化非常快，说明德国非常重视废品回收、循环经济，这非常符合德国的情况。德国是全世界第一个制定《循环经济与废物回用法》的国家。

中国的三个特点跟德国正好相反，第一，人均 GDP 很低，1996 年以前还不到 1000 美元，2018 年到了 9000 美元。第二，人均资源消耗很低，说明中国人过的是穷日子。第三，中国非但没有减物质化，反而是直线上涨。这样的趋势要不要改变？一定要改变。

英国和日本共同的特点，就是人均资源消耗很低，GDP 很高。日本的人均 GDP 甚至超过美国，但比美国、德国人均资源消耗要低很多。因为英国、日本两个国家都是岛国，它们早就觉悟到本国的资源不足，要好好地节约资源。我去日本考察过好多次，日本确实给人很深刻的影响，包括衣食住行。比如，住旅馆，号称三星级、四星级的宾馆，房间都很小，公共场所都很小，根本无法与中国相比。

这些告诉我们，假如学习欧洲的减物质化，学习英国和日本的节约资源，中国也可以找到一条路，能够在较少的资源消耗、较少污染排放的同时得到较快的经济发展。

说到生态文明一定不能忘记中国古代的天人合一论。《周易》说，"大人者，与天地合其德"。如果破坏环境、破坏资源、破坏生态，就超出了自然的限度。庄子、荀子都有关于天人合一的观点。荀子提倡，变革自然需兼得"天时地利人和"。

我们非常幸运地生活在现代，以习近平同志为核心的党中央十分重视生态文明建设，重视保护自然、保护环境。习近平总书记指出："保护生态环境就是保护生产力，改善生态环境就是发展生产力。"决不能牺牲环境换取一时的经济增长。

党的十八大要求大力推进生态文明建设。我特别受益的是党的十八大报告中所指出的，"把生态文明建设放在突出地位，融入经济建设、政治建设、文化建设、社会建设各方面和全过程"。

建设生态文明至少应在以下六大领域进行：生产领域、消费领域、城镇化建设领域、天然生态系统保护领域、文化教育领域以及法治和管理领域。

生产领域一定要走新型工业化道路，这是党的十六大提出来的。党的十六大报告指出，走新型工业化道路，包括两个方面：第一，以信息化带动工业化，以工业化促进信息化。第二，走出一条科技含量高、经济效益好、资源消耗低、环境污染少、人力资源优势得到充分发挥的新型工业化路子。

要大力发展循环经济，从 20 世纪 90 年代就开始这样做了，要从高开采、低利用、高排放转变为低开采、高利用、低排放，即"从摇篮到摇篮"。循环经济包括三个 R 原则（Reduce & Recycle & Reuse），这是西方人创造的，要做到减量化、再循环、资源化。发展循环经济要在三个层次上进行。工厂、企业的内部要推行清洁生产；一组（群）工厂和企业组织在一块要建设生态工业园；生产和消费的大系统，即在城市、社区、地区发展循环经济，包括发展生态工业、生态消费、生态服务业等。每个层次的循环经济都要贯彻 3R 原则。

发展绿色产业，包括工业、农业、交通、能源、建筑、旅游、服务业等。工业园区要生态化，园区的工业企业都应该积极推行清洁生产；园区内不同的工业企业之间要实现废物交换与利用，形成共生代谢的关系；不同工业企业之间的物质资源和能源要实现梯级利用；基础设施要共享，尤其是环境基础设施。

我们要节能，而且要改变能源的结构，要大力提倡节能减排，发展各种各样的可再生能源，如生物质能、太阳能、风能、页岩气、煤层气等，这方面中国做了不少工作。要在消费领域倡导文明节约、绿色低碳的消费理念，推动形成与我国国情相适应的绿色生活方式和消费模式。

美国有一位思想家，叫莱斯特·布朗，他写了很多书，他在书里讨论过美国和中国资源消耗的比较，他说："如果中国经济每年增长 8%，到 2031 年人均收入将达到美国现在的水平。""如果届时中国人均资源消耗相当于美国今天的水平，那么，14.5 亿中国人口将消耗全球现有粮食产量的 2/3，中国的纸张消耗量将是全球现有产量的 2 倍。""如果中国达到美国的水平，每 4 人有 3 辆车，则总量将是 11 亿辆，比当今世界汽车总量 8 亿辆还多，中国将需要 2900 万公顷土地，相当于目前的稻田总面积，每天将消耗 9900 万桶石油，是目前世界石油产量的 1.3 倍。"

我们可以看到，中国人如果完全照美国人的方式来生活，这将不会是一个幸福的前景，只会是一场灾难。所以我们要反对大吃大喝、公款宴请。我们也要注意住宅规模，比如，住建部早就规定过，80% 的新建住房单户面积要在 90 平方米以下，但我国新建城市户均面积大多在 120 平方米以上，豪华者高达 200—400 平方米。新加坡中产阶级的住宅面积在 70—90 平方米。日本 100 平方米以上的住宅就被视为豪宅，还要征收不同的税费。在消费领域，我们提倡要舒适不要奢侈，要消费不要浪费。

城市规划设计要以生态文明理念为指导，一定不能追求大、洋、阔。中国的城市基础设施一定要支持生态文明，比如，交通就应该以绿色公共交通为主，现在有共享单车。中国一定要大力防治环境污染，包括大气、水、固体废弃物和其他的各种污染，还要大力开发城市矿山。习近平总书记曾考察过格林美武汉分公司，并给予了很高的评价，说它们是朝阳产业，化腐朽为神奇，既是科学又是艺术。

我们要保护城市、农村的天然生态系统，党的十八届五中全会有很详细的论述。中国现在还存在很多生态问题，城市的基础设施缺少生态的东西，往往是城市建好了再来补种树，原来天然的绿色生态却遭到破坏。

我们一定要加强宣传教育，形成良好的社会风气。各行各业的人都应该关注生态文明，都应该觉悟到生态文明建设人人有责。

我们要加强法治建设，把生态文明纳入相关法律，现在生态文明已经写到宪法的序言中了。习近平总书记指出："要完善经济社会发展考核评价体系，把资源消耗、环境损害、生态效益等体现生态文明建设状况的指标纳入经济社会发展评价体系，建立体现生态文明要求的目标体系、考核办法、奖惩机制，使之成为推进生态文明建设的重要导向和约束。"

三、推行生态文明建设，实施可持续发展战略，实现美丽的中国梦

我们要推行生态文明建设，实施可持续发展战略，实现美丽的中国梦。为此中国已经做了不少努力，中国特色社会主义已经进入新时代。

作为一个 80 多岁的老人，我深深地体会到我们站起来了，富起来了，但我们还要努力强起来。中国特色社会主义进入新时代，包括各方面的实力都有了前所未有的提升，各方面的面貌都有了前所未有的变化。中国特色社会主义道路、理论、制度、文化不断发展，拓展了发展中国家走向现代化的途径，为解决人类问题贡献了中国智慧和中国方案。"一带一路"倡议受到了世界各国的拥护。

我们应该认真思考中国特色到底是什么。中国地大物博，人口众多，但人均国土面积和资源都比世界人均拥有量少得多。我们不能只看优点，也要看到问题，近 40 年来，中国经济发展速度远远超过了世界工业发达国家，但资源消耗很快，出现了叠加、复合的环境污染问题。中国的战略型新兴产业取得了很多成果，如量子科学、航天事业、载人潜海等，但传统产业还在消耗大量的资源，排放大量的污染物，传统产业的绿色转型一定要加快。中国有非常优秀的文化传统，但我们继承发扬得还不够。中国的 GDP 总量已经稳居世界第二，这是很了不起的成就，但人均 GDP 还处在发展中国家的水平。所以对于中国特色的理解，一定要全面，不能只看好的方面，还要看到缺点和弱点。

中国的资源禀赋先天不足，人均资源拥有量远远低于世界人均资源拥有量。中国的经济增长仍然依赖大量资源的消耗。2012 年，我国 GDP 占世界的 11.6%，但资源消耗，包括钢铁、能源、铜、水泥消耗量，都要高于世界的平均值，占世界的比例很大。

中国的能源利用率很低，有很多资源不能自给，对外依存度很高。中国的生态系统也面临着很严重的危机，如森林面积减少、耕地面积减少、江河湖海的污染严重。大气环境污染很严重，如京津冀地区的污染，虽然做了很多努力，有了一些进步，但经常看到雾霾天气。河流湖泊海湾的水质值得担忧，包括重金属污染、持久性有机物污染，地下水污染呈现从条带状向面上发展、由浅层向深层渗透、由城市向周边蔓延的趋势。固体废弃物增量迅速，资源化、无害化处理率低。

中国在全球气候变化中责任很大。中国排放的二氧化碳量居世界第一，人均二氧化碳排放量已经超过了世界人均值，每年二氧化碳排放量的增值已经是世界总增值的 70% 左右。这些告诉我们，中国在减排方面，在应对全球气候变化方面要负起责任。为此，中国采取了很多措施，中国已经承诺，到 2030 年碳排放要达到峰值，就是到 2030 年以后碳排放要减少。中国已经实施了碳排放交易制度，还启动了"绿色电力调度计划"。中国在帮助发展中国家做一些气候变化的应对工作，所以现在外国的媒体对中国的评价非常好，说中国在应对气候变化中展现了领导力。

党的十八届五中全会提出，坚持绿色发展，必须坚持节约资源和保护环境的基本国策，坚持可持续发展，坚定走生产发展、生活富裕、生态良好的文明发展道路，加快建设资源节约型、环境友好型社会，形成人与自然和谐发展现代化建设新格局，推进美丽中国建设，为全球生态安全作出新贡献。李克强指出，要把绿色低碳循环经济发展作为生态文明建设的重要内容，拓宽经济增长与环境改善的双赢之路。

中国也有很多好的例子，比如，钢铁工业循环经济做得很好，它们利用炼铁炉、炼钢炉、焦炉排放的高温气体发电，加强水循环及废渣循环利用。钢铁企业的用水量，从 2000 年的 25 立方米 / 吨降低到 2014 年的 3.5 立方米 / 吨，生态效率提高了将近 8 倍，而且 2017 年这个数字又降低到 1.4 立方米 / 吨，生态效率提高了十多倍。中国也在发展绿色化学和绿色化工，发展绿色低碳建材工业，把从旧房子上拆下来的建筑材料收集起来做新的材料用在新的建筑上。海尔公司得过一次"全球可持续发展成就奖"，就是因为其注意节能、注意环保，海尔的冰箱能耗低，公司也节约能源，提倡绿色文化。

中国还开始开发非常规天然气，包括页岩气、煤层气，可以用来代替煤炭。重庆涪陵于 2017 年建成了我国第一个商业化的页岩气田。中国还在开发生物质能源，很多人都关注秸秆的问题，虽然还没有彻底解决，但 2018 年秋天我们并没有听到很多烧秸秆的消息，说明大家已经在注意这些问题了。中国农村有建沼气池的传统，可惜有很多沼气池都废弃不用了，现在农业部正在计划把它复活起来，利用生物质能源产生沼气。中国的风能、太阳能、海浪能发电都做得很好，但要注意进行生命周期的全分析，比如，太阳能非常绿色，但太阳能光电板是多晶硅，多晶硅光电板生产过程中会产生四氯化硅的污染，这一定要解决。在深圳的南部可燃冰试开采已经成功，核能的开发要注意安全的问题。中国还有地热能，已经制订了一个地热开发利用的"十三五"规划。

中国还在打污染防治的七大攻坚战，包括大气、水体、长江保护等。习近平总书记有一句非常突出的话："共抓大保护、不搞大开发。"要在保护的前提下适当地开发。

十三届全国人大将生态文明写入宪法。很多制度也在酝酿，包括自然资源的产权制度和用途管理制度、生态保护的红线管理制度、生态补偿机制等。青海有三江源，青海省非常重视三江源的保护，他们宁可 GDP 增长慢一点少一点，也要把三江源保护好。

中国应该制订一个好的经济社会发展的监测指标体系。国家统计局 2007 年制订的全面建设小康社会监测指标体系有六大方面 23 项指标，包括经济发展、社会和谐、生活质量、民主法制、文化教育、资源环境。可惜这个指标体系仅仅作为研究成果发表，应该好好地应用它。中国应该向西方学习，它们也有很多好的指标，如真实发展指标（GPI）、绿色 GDP 等。

习近平总书记在党的十九大报告中指出："生态文明建设功在当代、利在千秋。我们要牢固树立社会主义生态文明观，推动形成人与自然和谐发展现代化建设新格局，为保护生态环境作出我们这代人的努力！"我们要不忘初心、牢记使命，高举旗帜、奋勇前进。

大时代新战略：健康中国①

李 玲

北京大学国家发展研究院经济学教授、北京大学
中国健康发展研究中心主任

---

① 此文系李玲教授在"国情讲坛"第二十七讲的文字记录稿，2019 年 5 月
8 日。

想必大家都有一个共同的感受，我们生活在一个大时代，无论是哪个小说家，还是故事的编撰者，可能都很难想到我们今天这个时代瞬息万变，精彩纷呈。今天的中国不仅经济总量稳居世界第二，而且是全世界唯一一个国家有完整的产业链，什么都能造，从打火机、鞋子、袜子，到上天入地最先进的东西，包括华为的5G技术走在了世界的前列，所以我们要为今天的中国点赞。同时，我们取得的辉煌成就是新中国带来的。在中国共产党的坚强领导下，亿万中国人民艰苦奋斗，拼搏奉献，创造了人类发展奇迹，中国奇迹不仅将载入人类发展的史册，还将给发展中国家贡献中国方案。

一、国际形势变化

为什么说我们所处的是一个大时代？2002年，中国只有11家企业进入世界500强，但到2018年，中国有111家企业进入世界500强。同一时期美国由197家企业降到了126家进入世界500强的企业，日本从88家降到了52家。前500名是固定的，就是500名，所以中国快速崛起，快速发展，那必然有一些外国企业就出局了。

中国GDP从1999年的9万多亿元人民币增长到2018年的90多万亿元人民币。美国1999年人均实际GDP指数是88，我们把2007年——金融危机前一年作为100，美国从1999年到现在增长不多，目前是107。但中国人均实际GDP指数从1999年的 47 增长到现在的 220，人均实际 GDP 指数涨了近 4 倍。从这些数据可以看到，这个大时代中国在飞速进步，国际形势也在变，美国正在打的贸易战，以及对华为的围追堵截，中国有足够的能力打持久战。

特朗普上台以后，他的执政方略是雇美国人、买美国货，但这一点并没有能实现。他指责中国导致美国不再伟大，跟中国打贸易战，但美国巨额贸易逆差是中国的问题吗？中国的储蓄率世界最高，将近 50%；美国储蓄率非常低，不到 20%，而且还在下降。那么美国老百姓没有钱，美国政府有没有钱呢？也没有。美国一直是收不抵支，社会保障、老年医疗保险、穷人医疗保险以及国防支出尤其是利息支出加速增加，美国现在有 22 万亿美元的国债，每年利息负担很重，美国政府的赤字不断增加，而且是巨额赤字。老百姓没有储蓄，政府财政是赤字。一个国家和一个家庭一样，收支要平衡，就是经常账户的余额等于国民储蓄减去国民投资，国内没储蓄，政府财政是负的，支出大于收入，经常性账户必须是贸易赤字才能打平。所以美国的贸易赤字跟中国没有关系，是美国国内经济结构导致的。

美国为什么要打贸易战？这是一个经济学道理。美国的问题是国内的问题造成的。

第一，收入分配差距不断扩大，2008 年金融危机后，美国百姓为什么发起占领华尔街运动？因为美国 1% 最高收入者占总收入的比重持续增长，中低收入者的收入徘徊不前甚至在下降，收入不公的加剧是美国国内的尖锐矛盾。

第二，美国人口结构的快速变化，拉美裔人口现在已经占总人口的 18.1%；然后是内部斗争，民主党与共和党的党派斗争。贸易战不是中国造成的。美国现在跟中国打贸易战，是要把国内矛盾外部化。但我们看，人口结构的变化、收入的不公和内部的斗争，工业化，就是去工业化以后产业的空虚，这些都不是打贸易战能解决的问题。也就是说，打贸易战给中国增加了巨大的困难，但中国从来都是在困难中成长的，它会给中国更好的机遇迎难而上，会发展的更好，美国反而失去发展的机会，失去了改革的机会。

美国的贸易逆差不是靠短期加关税、打贸易战就能解决的，是它的内部结构问题；而中期贸易战不是贸易问题，是两个大国的角逐；长期来说中美都面临巨大的挑战。中国毕竟还是一个发展中国家，应该把贸易战看成推动深化改革的动力。中美的长期合作一定是唯一的选择。斗，两败俱伤；和，两国共赢。但这个过程将会是长期的、痛苦的。中国这一次处理的非常好，仁至义尽，以不变应百变。

所以，我们看到大时代的变化，过去美国模式——民主政治、市场经济似乎不灵了，特朗普带头不搞市场经济了。关税，惩罚性的关税就是不搞市场经济。民主政治，也是弊端重重，美国一任一任选上来的总统，领导世界上最强大的国家，基本上都是新手上路。经营一个企业跟经营一个国家完全不是一回事。现在整个西方面临的危机也促使大家反思，对经济学的反思，对发展目标的反思。

二、新的发展模式

国际上已经有大量类似的研究，为什么 GDP 的增长不等于社会的进步？我们不能用单纯的 GDP 指标来衡量一个国家的发展。更好的指标是：社会发展、人类发展、健康、公平、安全、环境保护、幸福感。

2005 年 9 月，联合国《可持续发展议程》提出六大指标：生存、绿色、合作、平等、健康、尊严。中国积极参与《可持续发展议程》，而且起了重要的推动作用。过去的 100 年，西方一直是中国的老师，中国错过了工业革命，所以中国奋起直追。但中国下一步的发展，远远不止是在西方过去模式上的发展。工业文明以来西方发展的模式现在遇到了种种的挑战，所以中国要实现强国梦，需要走新路，而这个新路之一就是新的发展模式，把人民健康放在优先发展的战略地位。诺贝尔经济学奖得主阿玛蒂亚·森指出：GDP 的增长只代表了一个国家要改善大多数国民福利所具有的潜力，而没有说明社会实现这种潜力的程度。

美国就是反面例子。2018 年习近平主席和特朗普在阿根廷会晤时谈到一个词叫芬太尼，普及了一下药品知识，为什么双方元首会在谈判中提芬太尼这个问题呢？芬太尼是一种止痛药，但多年来被作为毒品替代品滥用，在美国酿成危机。美国现在每年由于过度吸毒当场猝死的有 8 万多人，美国人均预期寿命已经连续 3 年下降。健康反映的是一个社会的综合能力，因为健康不仅仅是没有病，还是精神的、身体的和社会福利的一个完美状态。美国的社会病了，是美国内部有问题，但美国不解决它自身的问题，反而转嫁国内问题给中国，打贸易战，短期可能有一点收益，长期来看，其实也是解决不了问题。

经济发展只是手段，健康幸福、人民的全面发展才是一切发展的目标。习近平总书记说绿水青山就是金山银山。绿水青山怎么转换成金山银山，绿水青山是没有市场价值的，它没有这样的市场来买卖。最好的转化剂是健康。在绿水青山的地方如果解决了"两不愁三保障"，人们一定会健康长寿。

中国正在实施"健康中国"新战略。党的十九大报告指出："人民健康是民族昌盛和国家富强的重要标志。""两个一百年"奋斗目标是要建成社会主义现代化强国。怎么衡量强国呢？GDP 世界第一是强国，今天美国 GDP 占世界总量不到 20%，中国 GDP 占世界总量不到 14%。总量并不代表绝对的强，晚清的时候，中国的 GDP 占世界总量的 1/3，远高于今天美国的份额，却照样任人宰割。强国不仅仅是 GDP，而是政治、经济、文化、生态、社会、科技的一个综合实力，这个综合实力如何更好地体现呢？就要看综合实力最后是不是造福老百姓的健康：人民健康是民族昌盛和国家富强的重要标志。中国要走的新战略就是健康中国战略。健康已经远远不是解决老百姓看病的问题，而是推动国家长远发展的新战略。中国未来和美国的竞争，GDP 总量超过美国只是一个时间问题。如果中国人均预期寿命远远超过其他国家，那就是中国梦实现之日。健康不是没有病，没有病不等于健康。中国漫长的农耕文明，在健康方面的智慧是非常丰厚的。世界卫生组织在总结各国文明的基础上给健康的定义是：健康不仅仅是没有疾病，或不虚弱，而是身体的、精神的健康和社会福利的完美状态。我们做的研究中发现前社会主义国家的人均预期寿命的改善都是非常快的，因为有很好的保障制度，免除了人们的焦虑和忧虑。

大时代实施健康中国新战略，这个新的战略，既有传统文化的底蕴，更有我们过去的经验。最早走向世界的中国道路其实是中国的医疗卫生道路。新中国成立的时候，中国的人均预期寿命仅 35 岁。毛泽东说我们那时是一穷二白，其实看看那一段历史，何止是一穷二白，历经战乱积贫积弱，什么都没有，但党和政府高度重视人民健康。中国创造了低成本、广覆盖的新型医疗卫生制度。1950 年 8 月召开的第一届全国卫生工作会议，制订了新中国卫生方针：面向工农兵、预防为主、团结中西医，卫生工作与群众运动相结合。这是中国独创的卫生制度。每个人的健康是最重要的，生活方式对健康的影响是最大的。所以新中国创立的卫生方针，动员组织民众减少疾病，提高人民健康水平，效果非常好。

中国依托农村集体经济创造了合作医疗、赤脚医生、三级医疗保健网；城市依靠单位，如清华大学有校医院，先上校医院看，看不了的转出去，转诊制度是三级预防保健网的组成部分，这是中国原创的。中国的经验，第一是正确的价值取向，人民政府为人民，一切为了人民的健康；第二是制度创新，爱国卫生运动，依托集体经济向全民提供初级医疗保健。所以 20 世纪 70 年代中国经验在全世界推广，世界卫生组织、世界银行来中国考察，他们总结中国经验，称其为中国卫生工作的三大法宝：三级预防保健网、赤脚医生和合作医疗。今天国际上前沿的健康政策、卫生经验很多是中国人创造的。

新中国在一穷二白的情况下发挥政府作用，推动健康政策，减少疾病，提高人民的健康水平，取得了非常好的成效。国际规律是人均 GDP 越高，人均预期寿命越长。中国在 20 世纪 80 年代人均 GDP 很低，如果按国际规律，中国人均预期寿命只有 50 多岁，但中国人均预期寿命达到了 68 岁，远远超出了中国的经济地位。印度 1960 年的人均预期寿命是 44 岁，到 1978 年中国改革开放的时候，印度是 53 岁，中国是 68 岁。为什么最大的工业化国家是中国而不是印度？印度是人口大国，但缺乏健康和教育，健康和教育是人口红利的最基础条件。

三、中国道路的特色

如果今天来解释中国的经济增长，除了改革开放、市场经济，其他非常独特的中国经验是什么？中国在新中国成立前 30

年通过制度创新，用极少的成本解决了中国人的健康和教育问题，为改革开放培养了取之不尽、用之不竭的，健康的、受过教育的、勤劳能干又价廉物美的劳动力。我们做的研究也证明了这一点。因为教育和医疗都是长期影响，教育、健康与经济增长是正相关的。优质巨量的人口红利是中国经济发展的独门绝技。人力资本是经济学的一个研究范畴，但在一般经济学中只是把人力资本作为工具，作为生产的投入品，而人力资本增长蕴含的深刻的社会变革的含义是被忽略了的，即健康既是一切经济发展的投入，有健康的人，经济才能发展，健康又是一切发展的目标，健康长寿正是人类发展的首要目的之一。这是经济学中一直在忽略的问题，就是把人工具化了，但没有想到健康不仅仅带来健康的红利，带来优质的人力资本，更重要的是直达目的，一切发展的目标最终是为了人，人最重要的是健康。而中国为什么能做到？

新中国成立前 30 年，中国工业化道路是中国人独创的，中国先进行社会革命，改变了社会结构，动员民众自己起来解决医疗卫生问题，讲究卫生，减少疾病，提高健康水平，而不是靠高技术、高投入、高资本的高精尖路子。这条路今天的美国都撑不住，今天的中国也是不可持续的。中国当年是用极低的成本普及了教育和医疗，然后改革开放、实行市场经济体制，再加上中国政府的治理能力以及土地公有化的优势，所以中国所向披靡，干什么都能成，而且一定会干得很好。这就是中国道路的特色：社会革命先于经济建设，社会建设促进经济建设。对比西方国家，它们是先工业化，先经济建设，等工业化积累到一定的程度，才开始社会建设，建立各种保障制度、普及教育。

中国健康状况改善最快的是20世纪60—80年代，20世纪80年代到2000年，中国创造经济奇迹，但人均预期寿命的改善是低于国际平均水平的，然后是"非典"以后又开始提速了。目前，中国健康绩效的改善是高于国际平均水平的。

新时代，新的战略是健康中国。《"健康中国2030"规划纲要》提出，以提高人民健康水平为核心，以体制机制改革创新为动力，以普及健康生活、优化健康服务、完善健康保障、建设健康环境、发展健康产业为重点，把健康融入所有政策，加快转变健康领域发展方式，全方位、全周期维护和保障人民健康。也就是回归到一切生产的本质是满足人民群众的真实需求。人民群众的真实需求是生活得健康幸福，所以健康中国战略就是让人人享有健康，一切为了健康。而人人享有健康，一切为了健康，远远不是医疗能够解决的，医疗对人口健康的贡献不到10%，健康的主要影响因素是生活方式和环境，而生活方式和环境与经济社会发展模式、生态环境、文化、政治制度联系在一起。所以健康中国战略是中国在新时代探索的人类新的发展模式。

健康中国战略是从经济、社会、政治、文化、生态综合系统的改革，将健康融入所有政策来打造健康中国。目前中国是唯一的以国家意志推动健康中国建设的大国。

党的十九大报告指出，实施健康中国战略。它将中国传统上行之有效的方式发扬光大，预防为主，开展爱国卫生运动，倡导健康文明的生活方式，预防控制重大疾病，实施食品安全战略，因为民以食为天，吃得安全、吃得好才能健康，还有生态文明，乡村振兴、中西医并重，积极应对老龄化。中国将来面临一个很大的挑战就是人口老龄化。改革开放 40 年充分享受了健康的红利，但中国正在快速进入老龄化社会，人老了以后最大的需求是医疗健康，如何建立有效的制度应对老龄化也是健康中国建设的重要内容。

健康中国战略是新的国家战略，也是国家治理体系的一个重要组成部分。从国家治理角度来说，现在的治理理念以人民为中心，一切为了人民健康，非常到位，国家也在做相应的制度安排。2018 年，国家卫生和计划生育委员会已经改成了国家卫生健康委员会，同时成立了国家医疗保障局。然后是治理的手段，中国如此之大，具体来落实这个战略一定要因地制宜，探索符合当地的实施方案；还要发挥中医药的文化优势，系统、整体、协调的方法论；再就是信息化、大数据带来的机遇。

健康中国正在推进中，将健康融入所有政策，使健康中国不只是卫生部门的事了，而是全党、全社会的事。所以下一步就是研究怎么将健康融入所有政策，怎么制订合理的考核指标，让一切发展直接造福人民，有利于人民健康。

中国正在进入健康＋时代，健康就是国家财富，14 亿人的健康是最大的财富，超过一切有形的财富。健康＋体现在全部的政策覆盖全体国民，全生命周期，全民参与，每个人是健康的主要生产者，还有完全的健康产业。

大健康产业方兴未艾，因为健康的影响面非常广，大健康可以纳入国民经济体系。与健康生活相关联的所有产品和服务都属于大健康产业，大健康产业是一片深蓝海。

我们说的大时代新战略就是健康＋，它又契合了人类发展阶段的升级换代。漫长的农耕文明时代，中国一直是领先的，近百年来奋起直追工业化、商业化、信息网络时代，中国今天在信息网络的应用方面是领先的。人类的一切发明创造，科学技术的进步最终要落到哪儿？为人服务，所以呼之欲出的是健康革命时代。实施健康中国战略，它的意义在于中国不再仅仅是赶超，而是要走新路，引领新路，在健康革命的时代，需要把农耕文明、工业文明、商业文明和信息文明汇聚在一起，而这是中国文化的强项。

中国现在还有一个非常有利的时代机遇是什么？大数据、信息化。健康的信息是最丰富的信息，因为我们每分每秒都在呼吸，心脏在跳动，身体的一切机能都在运转，中国又有 14 亿人口，所以健康数据是非常大的数据。而在大数据时代它改变了什么？过去生产方和消费方是完全分开的，今天生产和消费合一了。数据信息现在是一个特殊的资本要素。过去的资本要素是什么？人才、土地、资本。将来大数据会成为最重要的特殊的投入品。

中国有规模经济、范围经济、网络效应，这些年在互联网大数据应用上已经充分展示出来，我们可以充分地享受，边际成本近乎为零。过去私人产品的消费是竞争的排他的，但数据不是，数据越消费越多，越交换越多，没有消耗。过去只要消费多了就是消耗，边际成本是上升的。现在，数据积累得越多，财富就越多。所以，我们真的赶上了一个好时代。而在5G智能的世界，中国目前是引领的，无论美国怎么打，西方怎么打，中国在5G时代的引领是不可阻挡的。中国有14亿人的巨大市场，华为被打了以后，销量一下子就成为世界第一。

列宁指出，劳动生产率归根到底是使新社会制度取得胜利的最重要最主要的东西。赶上如此好的新的技术，最新的生产力、信息化、大数据、智能化，我们怎么创造和它相匹配的生产关系来创新发展的模式，这是中国的机遇，也是中国应该对人类作出的贡献。

另外，因为健康影响面特别广，大数据可以把所有的维度连起来，集成起来，进行全方位的健康综合评估，综合的影响因素，过去是单点的，没办法做。现在完全可以对一个人从出生到生命的终结，全方位、全生命周期地进行健康管理。

健康大数据为打造健康中国创造了新的机遇。国家已经充分认识到大数据的重要性。政府正在做顶层设计，这个模式要实施还需要大家一起努力，因为这是一个系统的、艰巨的、复杂的事情，它涉及每个人。比如，个人的数据所有权问题，隐私保护的问题，需要很多配套制度的建立。但是，中国的优势也是不可避免的，就是政治制度的优势，能集成大数据，而很多国家没有办法集成数据。另外，是人口规模的优势，还有文化的优势。中国当年错失工业革命机遇是有原因的。因为中国文化是系统的、综合的、整体的，而工业文明是精细化的、还原论的这套方法，它是不对等的。而在信息平台上中国可以综合东西方文明的优势，因为信息化是系统的、综合的、全面的。

未来，中国要靠制度优势、文化优势、人口规模优势，充分利用信息技术，搭建一个全生命周期的人口健康信息平台，建立人口健康大数据库，这个大数据库不仅会改写整个医疗模式，也会改变我们的健康模式，更重要的是未来药品的研发、医疗器械的研发、与健康相关联的所有产品和服务的研发，基于这个数据可以挖掘出无限的宝藏。

我们正在寻找实现全民健康的中国道路。通过制度的创新，充分利用信息化手段，结合传统文化的优势，找到实现全民健康的中国道路，也就是全方位、全生命周期的健康管理，以较小的成本让每个人生活得有滋有味、健康幸福。如果这条路能走通，就是中国对人类的重大贡献。

健康中国是在大时代的新战略，是探索人类以健康和幸福为目标的新型发展模式，我称它为"多数人的现代化"。无论是过去的经验，还是今天的经验都证明，不需要很多钱，它和GDP没有很多直接的相关性，我们是可以通过制度的创新，通过有为的政府、有效的市场、有机的社会合作，打造健康模式，让每一个人得到健康保障，用健康梦支撑我们的中国梦。

中国跨越"中等收入陷阱"①

周绍杰

清华大学公共管理学院副教授、
公共管理学院党委副书记

---

① 此文系周绍杰副教授在"国情讲坛"第十一讲的文字记录稿，2018 年 11 月 2 日。

关于"中等收入陷阱"这一研究主题，首先要按照世界银行收入组划分的视角介绍中国的发展历程。进入 21 世纪，中国先后完成了两次收入组跨越。第一次跨越是进入 21 世纪之初，中国完成了从低收入国家向中低收入国家的跨越，这是 2000 年世界银行的《世界发展报告》给出的结论。第二次跨越是中国实现了从中低收入向中高收入国家的发展跨越，这是 2012 年世界银行的《世界发展报告》提出的。这两次跨越是在进入 21 世纪后短短十几年内实现的。那么，中国能否继续从中高收入国家向高收入国家迈进，成为我们展望中国经济未来的一个重要视角。

清华大学国情研究院对"中等收入陷阱"相关的主题进行了长达 10 年的跟踪研究。2007 年，世界银行的两位经济学家发表了题为《东亚复兴：关于经济增长的观点》的报告，提出了"中等收入陷阱"这个概念。需要指出的是，该报告并没有对这个概念进行深入阐释，也没有明确给出"中等收入陷阱"的收入区间。2008 年，爆发了由美国次贷危机引发的全球金融危机，这对于中国这种出口导向型的经济体产生了极大的负面冲击。2008 年 12 月，胡鞍钢教授的研究指出，改革发展进入新的历史阶段，但同时形成了特定的经济发展模式，有可能出现"路径依赖""路径锁定"现象。如果不能及时地、主动地转型，就可能对未来的改革和发展造成阻碍，陷入经济发展的"中等收入陷阱"。

2018 年初，胡鞍钢教授和我共同完成的《中国跨越中等收入陷阱》一书正式出版。基于该书的主要研究结论，我们探讨以下三个问题：什么是"中等收入陷阱"？中国如何跨越"中等收入陷阱"？中国迈向高收入国家的前景展望。

一、什么是"中等收入陷阱"

"中等收入陷阱"是由世界银行提出的概念。我们的研究借鉴了世界银行以及其他研究，分别给出绝对收入标准和相对收入标准。绝对收入标准是世界银行按照汇率转换法（Atlas 核算法）把世界上每一个国家和地区的人均 GDP 转换为美元值，基于各国 GDP 的美元值大小划分为四类国家或地区：低收入国家或地区、下中等收入国家或地区、上中等收入国家或地区、高收入国家或地区。国家或地区收入组的划分基于收入组之间的门槛值设定，门槛值的名义值设定会根据主要货币相对美元的汇率和通货膨胀率进行调整，收入门槛值可以认为是固定的。根据这种划分方法，世界上所有的国家和地区都可以划分到一个收入组中。基于这种方法，按照 1987 年的数据，世界上有 154 个国家和地区参加分类，高收入经济体只有 41 个，中等收入经济体 74 个。2015 年，217 个国家和地区参加分类，高收入经济体的数量为 79 个，中等收入经济体是 107 个。从收入组的人口分布比例来看，1995 年高收入经济体的人口总数占 16.6%，2015 年达到 18.9%。这表明，1995—2015 年的 20 年，高收入经济体人口比重仅仅增长了 2.3 个百分点。这说明，尽管高收入组的经济体数在增加，但从中等收入经济体进入高收入经济体的很多都是人口规模不大的国家和地区，高收入经济体的人口总数并没有明显的提高。这算是"中等收入陷阱"的一个例证。

相对收入标准是每个国家和地区以购买力平价（PPP）为标准的人均 GDP 相当于美国的百分比。借鉴世界银行的研究方法，我们把一个国家和地区的人均 GDP 水平相对于美国低于 5% 的视为低收入经济体，超过 40% 就视为高收入经济体，处于中间区间的就是中等收入经济体。世界银行 2012 年公布了一个非常有影响的研究，根据 1960 年和 2008 年世界各国和地区人均 GDP 相对于美国的百分比的对数，把世界各个经济体进行了收入组划分。其中，1960 年有 101 个经济体属于中等收入组，这些经济体只有 13 个在 2008 年迈向了高收入组，包括日本、亚洲"四小龙"、以色列国、西班牙、葡萄牙、希腊、爱尔兰等国家和地区，还有两个国家是非洲国家（赤道几内亚和毛里求斯）。此外，1960 年处于中等收入阶段的经济体中有更多的经济体在 2008 年落入了低收入组。这个统计表明，1960—2008 年，在近 50 年的发展中，只有少数组实现了从中等收入组迈向高收入组，这也是"中等收入陷阱"的一个例证。我们按照相对收入标准对高收入组进一步进行了统计。2015 年，世界上有 53 个国家和地区人均 GDP 的水平超过了美国的 40%，其中 33 个是经济合作与发展组织（OECD）成员国，非经济合作与发展组织成员国只有 20 个，非经济合作与发展组织成员国中人口超过 2000 万的国家只有 4 个。

基于以上统计事实，有人会问：为什么会出现"中等收入陷阱"？针对"中等收入陷阱"的统计事实，尚未在理论上达成一致。但是，作为一种基于世界各国经济发展的分析，落入"中等收入陷阱"的国家存在经济增长长期停滞的情况。如果按照相对收入标准，落入"中等收入陷阱"的国家是因为相对于美国这样的发达经济体的追赶能力的弱化。

为什么会出现"中等收入陷阱"？一个基本结论是全要素生产率增长的停滞或下降，全要素生产率反映了经济要素配置和使用效率，这是从经济增长核算的角度来理解的。其背后存在诸多影响全要素生产率的潜在因素，这些影响因素可以归纳为几个方面。第一是经济发展战略。一个典型的例证就是拉美国家。拉美国家在 20 世纪 30 年代开始进入工业化，相对于其他广大的发展中国家而言，它们是较早进入工业化的。但是，拉美国家的工业化长期奉行进口替代政策。从全球化的角度来看，这一政策使拉美国家的工业化并不是建立在比较优势的基础上，导致这些国家制造业的国际竞争力不能有效提高，最终陷入了债务陷阱。第二是宏观经济管理能力。如亚洲金融危机前的东南亚国家。很多东南亚国家在宏观经济管理方面做得不好，特别是在国内资本市场发展不健全的条件下，贸然开放了资本账户，最终引发了金融危机。第三是创新能力。可以说，创新能力是中等收入国家跨越"中等收入陷阱"的一个最关键的驱动因素。第四是收入分配问题。收入分配不公平最终引发低收入阶层的不满，从而导致发展中国家的经济发展缺乏社会发展的支持。第五是社会稳定和政治稳定。一个典型的例子是利比亚。利比亚曾经依靠丰富的石油资源成为非洲最富有的国家。然而，利比亚长期以来政党纷争不断、司法体制不健全、政治和安全局势不断恶化，最终导致经济发展急剧恶化。它的人均收入已经从 2010 年的 12000 多美元下降到 2016 年的 5000 多美元。

从国际比较来看，东亚经济体是跨越"中等收入陷阱"的典型。按照相对收入标准，日本和韩国先后迈向高收入国家。从人均 GDP 的追赶来看，日本相对于美国的水平 1962 年达到了 40%，可以认为按照相对标准进入了高收入国家的行列。韩国人均 GDP 在 1991 年超过美国的 40%，也实现了向高收入国家的迈进。为什么这两个国家实现了跨越"中等收入陷阱"？我们引用国际同行关于东亚经济体的相关研究，包括韩国、中国香港、中国台湾、新加坡、印度和中国大陆。从增长核算来看，人均 GDP 的增长率可以分解为四部分：劳动贡献、人力资本贡献、资本贡献和全要素生产率贡献。我们可以看到，1970—2009 年差不多 40 年的时间内，亚洲"四小龙"、中国大陆和印度能够实现快速的经济增长，很大程度上是因为这些经济体的全要素生产率持续增长。

回答中国能否顺利跨越"中等收入陷阱"、进入高收入国家行列，我们首先回顾一下中国为什么能够顺利跨越"贫困陷阱"。只有理解了中国为什么能够跨越"贫困陷阱"，才有可能更好地理解中国是否能跨越"中等收入陷阱"。

新中国成立之初, 中国当时的国情可以称为 "一穷二白"。
1950 年, 中国的人均预期寿命只有 41 岁, 1982 年提高到 67 岁。
1950 年, 中国人均受教育年限只有 1 年, 1982 年提高到 4.6 年。
以上数据表明, 中国在计划经济年代实现了一次伟大的发展, 主
要体现在健康和教育方面。因此, 改革开放前 30 年的社会发展成
就为改革开放后 40 年的经济发展成就奠定了坚实的基础。从国际
比较来看, 1977 年, 中国的人均预期寿命比墨西哥高, 但墨西哥
人均收入水平是中国的 4 倍。这个例子也足以说明, 在中国共产
党的领导下, 中国的社会发展在计划经济年代取得了长足进步,
这也是改革开放后中国创造的经济发展奇迹不可忽视的一个方面。

从人均收入水平来讲, 中国在改革开放之初仍然是一个非常
典型的贫穷国家。按照国际贫困线标准来看, 1981 年中国有 8.8
亿贫困人口, 相当于总人口的 88.3%。在发展研究领域, 贫困问
题一直是最重要的主题之一。印度经济学家阿比吉特·班纳吉和
法国经济学家埃斯特·迪弗洛在著作《贫穷的本质: 我们为什么
摆脱不了贫穷》中总结了导致贫困的四个主要原因: 动荡的社会
局势、恶劣的自然环境、落后的教育水平以及社会救助机制的缺
位。针对贫困问题, 胡鞍钢教授把贫困的表象和贫困的原因进行
了划分。贫困的表象是收入水平的低下, 但导致收入水平低下的
原因是复杂的, 可能包括知识贫困、生态贫困、人类贫困, 也可
能是市场机制问题。例如, 贫困地区之所以贫困, 往往是因为这
些地区基础设施落后, 导致这些地区被隔离于市场之外, 从而导

致收入水平低下。这一贫困分析框架具有重要的政策含义，即政府可以从导致贫困的根源着手，为贫困人口赋能。

总体来看，中国的贫困发生率能够大幅度下降，可以归结为两个主要原因。第一是经济发展及其带来的城镇化。改革开放之初，中国首先进行了农村改革，解决了农民和土地的关系问题，激发了农民农业生产积极性，释放了农业发展的潜力，也解决了温饱问题。进入20世纪80年代，随着乡镇企业、私营经济的发展以及实施对外开放政策，非公有制经济兴起，这为人们创造了经济机会，提高了人们的收入水平。

第二是国家扶贫政策和扶贫行动发挥了重要作用。改革开放之初，中国就开始推进国家减贫行动。1980年，中央财政开始设立一系列扶贫专项基金，用于支持扶贫工作。1986年，中国成立了国务院贫困地区经济开发领导小组，1993年更名为国务院扶贫开发领导小组。2013年底，习近平总书记提出了"精准扶贫"。2012—2017年，中国农村贫困人口累计减少6853万人，涉及的人口规模超过英国总人口规模。2020年，中国全部人口实现脱贫是没有问题的，因为中国不仅有扶贫开发，还有社会保障的兜底。

总而言之，中国之所以能够大规模降低贫困人口规模和贫困发生率，是因为实行了以人民为中心的发展政策，包括教育和卫生领域的社会政策、为人民创造经济机会的经济发展政策、不断完善的社会保障政策以及旨在帮助贫困人口发展的扶贫政策。

针对中国的减贫成就，世界银行原行长金墉在2015年给出了这样的评价：在过去的 25 年里，中国在消除极端贫困方面发挥了人类历史上最大的作用；中国在消除贫困方面是世界上最有经验的国家。理解中国是如何跨越"贫困陷阱"的，有助于理解中国能否跨越"中等收入陷阱"。

近年来，中国经济经历了从高速增长阶段向中高速增长阶段的转变。近两年，中国的经济增长速度已经低于 7%，相对于金融危机之前两位数的增长速度，增长速度显著下降。很多人也在思考中国会不会从中高速增长直接落到中速甚至是中低速增长，这也决定了中国能否跨越"中等收入陷阱"，或者说中国能够以多快的速度跨越"中等收入陷阱"。基于对中国经济增长潜力的判断，我们认为，中国不会落入"中等收入陷阱"，主要理由有以下几个方面。

第一，中国特色社会主义制度体系已经确立并不断走向成熟。党的十八届三中全会提出国家治理体系和治理能力现代化，这就明确了全面深化改革的总任务。从治国理政的实践来看，党的十八大以来，党中央确定了"五位一体"总体布局和"四个全面"战略布局，成为推进国家全面发展的顶层思维，也必将推动我国各方面的发展再上一个新台阶。

第二，中国的宏观经济管理能力日趋成熟。20 世纪 90 年代初，随着中国确立了建立社会主义市场经济体制的改革方向后，宏观调控体制不断完善、不断成熟，逐步建立了适应社会主义市场经济发展的宏观调控体系。党的十八大以来，随着中国经济进入新常态，党中央提出了转变发展方式、优化经济结构、培育增长动力的经济发展思路，提出了供给侧结构性改革的政策框架，着力推动经济高质量发展。

第三，基础设施现代化与完整的工业体系。基础设施现代化体现在交通、通信、能源等主要基础设施领域。20多年前，基础设施还是经济发展的瓶颈。目前，中国整体的基础设施覆盖水平已经成为经济发展的有力支撑。以高铁为例，高铁运营里程从2008年的600多公里发展到2017年底的2.5万公里，营运里程世界第一，占世界高铁里程数的60%以上。从工业体系来看，有研究指出，中国是世界上唯一拥有联合国产业分类中所有工业门类的工业生产的国家。目前，中国是公认的世界工厂、制造业大国。中国未来制造业发展的方向是从制造业大国走向制造业强国，特别是在尖端科技领域，要不断提高竞争力，不断提高制造业的科技含量。

第四，人力资本水平不断提高。新中国成立以后，中国的教育事业经历了若干次跨越式发展。其中，高等教育在20世纪末就经历了一个跨越式发展，2000年以后高等教育毕业生呈现爆炸式的增长。近两年，中国每年有700多万名高等教育毕业生，研究生的数量也接近60万，这些人都是高素质的劳动者和人才，这是中国未来发展的重要人力资本支撑。从更长期影响来看，我国将逐步实现从人力资源大国向人力资源强国的跨越。此外，以前出国留学人员出去的多、回来的少。但是，现在出国留学和学成归国的人员数量基本实现了同步增长，而且大多数都学成回国发展。这也表明，中国国内的发展更有前景，使留学生学成之后选择回国发展。

第五，创新能力不断增强。关于中国创新能力的国际比较，我们可以引用世界知识产权组织提供的数据进行说明。世界知识产权组织对世界各国的创新水平编制了全球创新指数，按照各国家和地区的创新指数把世界各国分为三类国家。第一类是创新能力表现不佳的国家，这类国家的创新指数相对于人均收入水平而言表现较差；第二类是创新的学习者，这类国家的创新指数相对于人均收入水平而言表现较好；第三类是创新的领导者，这类国家是人均收入水平和创新指数都高的国家。根据世界知识产权组织的数据，中国在2012年的创新指数排名为第34位，被归类为创新的学习者；到了2018年，中国的创新指数排名为第17位，在6年的时间内排名提升了17位，已经进入创新的领导者行列。当然，和其他的创新领导者相比，中国的人均收入水平还相对较低。随着中国人力资本水平不断提高、创新性人才的培养，我们完全有理由相信，中国的创新能力会在现有的水平上更进一步。

我们再看一下世界各地区每100平方公里国际专利（PCT）的密度。总体来看，世界专利密度高的主要有三个地区，一个是美国，一个是欧洲，一个是东亚。中国已经成为世界创新的高密度地区，主要集中于三个地区：以北京为中心的地区、珠三角和长三角。珠三角已经成为全球创新的一颗非常耀眼的明星。例如，深圳的研发投入占深圳 GDP 的比重已经超过 4%，和以色列国、韩国水平差不多，而以色列国和韩国是世界上创新投入强度最高的国家。可以预计，随着粤港澳大湾区建设的不断升级，以香港和深圳为中心的珠三角地区将进一步提升在全球创新的竞争力。

第六，国家治理体系和治理能力现代化水平不断提高。党的十八届三中全会提出，全面深化改革的总目标是推进国家治理体系和治理能力现代化。从党的十八大以来深化改革的实践看，国务院取消或下放大量行政审批事项，全面深化改革在实践中得以落实。特别是党中央设立了中央全面深化改革领导小组，习近平总书记担任组长，先后召开 40 次由习近平总书记主持的会议。党的十九大以后，深改组又调整为中央全面深化改革委员会。从深改组到深改委，中央为推进全面深化改革一共举行了 45 次会议，这些会议对重大领域的深化改革发挥了顶层设计、总体布局、统筹协调、整体推进、督促落实的功能。党的十九届三中全会，又为推进全面深化改革进行了党和国家机构改革。因此，可以说，从党的十八届三中全会到党的十九届三中全会，国家治理体系和治理能力现代化大大推进，这也为中国跨越"中等收入陷阱"提供了政治保障和制度保障。

二、中国如何跨越"中等收入陷阱"

从根本上来讲，中国能否跨越"中等收入陷阱"取决于能不能真正落实新发展理念，以供给侧改革为主线适应和引领新常态，实现高质量发展。当前，党中央高度重视高质量发展。高质量发展强调推进质量变革、效率变革和动力变革。质量变革是要使产品和服务更加符合人民不断增长的对于高质量产品的需求。效率变革很大程度上取决于资本市场的效率，即有效地把高储蓄转化为高质量的有效投资。动力变革在很大程度上取决于创新能力。总体而言，落实新发展理念就是要避免中等收入阶段可能遭遇的各种"陷阱"。

第一，坚持创新发展，避免全要素生产率的陷阱。中国的创新发展总体态势是很好的。从"十三五"规划来看，创新发展被放在一个非常突出的地位。"十三五"规划提出到 2020 年，中国的研发投入占 GDP 的比重达到 2.5%。这一比重将会超过目前经济合作与发展组织国家的平均水平。从创新产出来看，"十三五"规划提出万人专利拥有量在 2020 年达到 2015 年的 2 倍左右。这个目标完全有可能实现。2010 年，中国每万人发明专利拥有量为 1.7 件，2015 年达到 6.3 件，这表明中国科技事业进步速度非常快。"十三五"规划还提出，到 2020 年移动宽带用户普及率达到 85%。如果把年幼和高龄人口排除的话，到 2020 年基本实现全民普及移动互联网是没有问题的。可以预期，互联网的全面普及以及基于互联网的各种新业态不仅成为经济增长的动力，也将深刻地影响社会、文化等其他领域。

第二，坚持协调发展，避免城镇化陷阱。协调发展既包括城乡协调和区域协调，也包括物质文明和精神文明协调、国防建设与经济建设协调。当前，我国协调发展的一个最突出的领域就是城乡协调发展，即在城镇化快速发展的过程中，如何促进城乡协调发展。中国的城镇化发展是建立在经济发展的基础上的，经济发展与城镇化基本上形成了良性互动。但是，也存在制约城镇化优化发展的现象。例如，中国的城镇化体系不够合理，部分大城市已经出现"城市病"，户籍制度也制约了城镇流动人口公平享受公共服务。总体来看，中国城乡协调发展在近年来有所提升。城乡收入差距已经呈现缩小态势，基本公共服务均等化也得到稳步推进，国家推进城乡统筹发展的政策体系日趋完备。党的十八大以来，党中央召开了多次关于城镇化发展以及城市发展的会议。2014 年，中共中央、国务院印发《国家新型城镇化规划2014—2020 年》，规划提出，推进常住人口城镇化率和户籍人口城镇化率；基本公共服务加快覆盖全部城镇常住人口，农业转移人口享有更多更好的义务教育、医疗卫生和技能培训等服务；农业转移人口逐步融入城市，共享城市建设发展成果；等等。2015年举行中央城市工作会议，这是时隔 37 年后再次召开的一次中央城市工作会议。这次会议解决了中国如何高质量发展的问题。党的十九大报告又提出了乡村振兴战略，2017 年，中国的城镇化率达到了 58.52%，预计 2020 年达到 62% 的水平。随着相关政策的落实，城乡协调发展将进一步提升。

第三，坚持绿色发展，避免生态环境陷阱。绿色发展就是要走资源节约型、生态友好型发展道路。中国从"十一五"规划以后，资源环境方面的指标占五年规划总体指标的比重不断提高，而且资源环境类指标大多都被列为约束性指标。总体来看，党的十八大以来，我国生态环境恶化的趋势得到遏制，并不断改善，生态环境保护方面的立法日趋完善，成为基本国策。关于绿色发展，习近平总书记作出很多经典论述，如"绿水青山就是金山银山"，提出良好生态环境是最公平的公共产品。从目前的发展态势来看，中国基本纳入绿色发展的轨道，绿色发展成为全社会共识，生态文明建设成为"五位一体"总体布局的重要部分，体制机制也不断完善。从中国的能源消费来看，煤炭消费在 2014 年基本达到峰值，近几年呈下降态势。与此同时，以风能和太阳能为代表的可再生能源在发电中的比例显著提升。这表明，在能源消费领域中国的绿色发展已经取得了很大的成效。当然，中国的生态环境建设还存在诸多让老百姓不满意的地方，也是各项事业发展的短板。持续推进绿色发展是中国在中等收入阶段不能放松的领域，也是能够提高人民幸福感获得感的重要领域。

第四，坚持开放发展，避免依附型陷阱。在经济全球化的时代，任何一个国家如果不能适应或者脱离了经济全球化的大趋势，必然陷入发展停滞。然而，也必须看到，经济全球化是一把"双刃剑"。如果一个国家不能正确处理国内经济发展与参与经济全球化的关系，就很难应付世界经济波动造成的外部冲击。改革开放以来，中国之所以创造了经济发展史上的"增长奇迹"，在很大程度上是因为中国正确地实行了对外开放政策，对外开放成为中国国内改革的外部压力和动力。2016年，中国成了世界第一大货物出口国、第一大外汇储备国、第二大货物进口国以及第二大外汇国直接投资国，反映了改革开放以来中国参与经济全球化的程度不断加深。

根据相关研究，中国在世界贸易领域已经取得了中心地位。比较中国和美国，世界上有124个国家把中国作为第一大贸易伙伴，有56个国家把美国作为第一大贸易伙伴，这表明中国对于整个世界贸易体系的影响在日益增长。从全球供应链角度来看，中国在全球供应链的分工中不仅在劳动密集型而且在高科技领域都占据重要地位。党的十八大以后，中国提出了"一带一路"倡议、倡导建立了亚洲基础设施开发银行，成为国际发展的新机制，对外开放迈上一个新台阶。从对外贸易、吸引外国直接投资、对外直接投资等领域来看，中国已经走近了世界经济舞台的中央。然而，也必须看到，中国对外经济仍然存在局部的依附性领域。一个典型的案例就是芯片。从某种意义上来讲，中国能否避免依附性风险在很大程度上取决于关键领域的创新能力。

第五，坚持共享发展，避免不平等陷阱。共享发展就是不断在实现发展成果由人民共享，在促进人的全面发展上取得新成效。党的十八大以后，推进共享发展的一个重要举措就是"精准扶贫"。"精准扶贫"成为各级政府的一项重要工作，中西部22个省区党政主要负责同志向中央签署脱贫攻坚责任书。这也展示了中国消除贫困的坚定决心，中国农村贫困发生率从2012年的

10.2% 下降到 2017 年的 3.1%，累计减贫人口规模超过 6800 万，超过英国的总人口规模。党的十八大以来，习近平总书记还特别强调社会建设，这也是推进共享发展的一个重要方面。例如，习近平总书记在浙江考察时特别强调，社会建设要以共建共享为基本原则。在城镇化快速发展的大背景下，很多社区重新形成，建设和谐社区非常关键，共享发展还涉及完善社会保障体系。2016 年，国际社会保障协会给中国颁发了社会保障杰出成就奖，这也是国际社会对中国在社会保障领域作出重要贡献的肯定。

总体来说，落实新发展理念，要建立在有效的市场、有为的政府与和谐的社会的基础上，既要充分发挥市场在资源配置中的决定性作用，也要大力推进服务型政府建设，积极推进社会领域的建设。

三、中国迈向高收入国家

按照绝对收入标准，我们把世界各国的收入水平从低到高进行了排列，并且考虑了各国人口占世界人口的比例，可以做出世界人口与收入分布图。可以发现，1995 年中国的收入水平属于低收入国家；2015 年中国则已经进入中高收入阶段。2017 年，中国人均 GDP 超过 8800 美元，距离高收入国家的门槛（12700 美元左右）还有 3900 美元。粗略估计，中国人均 GDP 按照美元值再增长 40% 左右就可以达到这个门槛值，进入高收入国家。按照相对收入法，1995 年中国人均 GDP 相当于美国的 6.5% 左右，2015 年中国的人均 GDP 相当于美国的 25.4% 左右，2017 年达到了美国的 28.2%，呈现对美国的显著追赶。如果中国进入高收入国家，那么世界高收入国家的人口比例将翻一番，因为中国占世界的人口比例为 19% 左右。这表明，中国迈向高收入国家对世界发展具有重要意义。

以上是中国整体的状况，下面介绍一下各个地区的发展状况。我们把 2000 年、2005 年、2010 年以及 2015 年四个年份按照世界银行的收入组划分展示各个地区收入组的变迁。2000 年，中国绝大多数地区都属于下中等收入地区和低收入地区，只有上海是上中等收入地区。2005 年，上海、北京、天津三个地区已经进入上中等收入阶段，其他地区基本上都进入下中等收入阶段，只有贵州还处于低收入地区。2010 年，东部地区以及内蒙古都属于上中等收入阶段，其他地区都属于下中等收入阶段，没有地区属于低收入地区。2015 年，北京、天津、上海、江苏和浙江已经进入高收入地区，其他地区均属于中高收入地区。广东 2017 年也进入高收入地区。因此，我们可以看出，每隔五年，都会有不同地区向更高收入组跃迁。

基于中国经济发展的前景和展望，我们预测无论是按照绝对收入标准还是相对收入水平标准，中国整体上在 2025 年左右顺利进入高收入阶段。我们以 2015 年为基准，预测 2020 年到 2025 年进入高收入阶段。如果到 2025 年要实现跨越进入高收入阶段，中国人均 GDP 增长率只要达到 5% 就可以了。5% 的增长速度就是中等增速稍微高一点。尽管近几年经济增速下滑，但保持这样一个增长速度是完全可能的。

需要强调的是，中国进入高收入国家并不意味着中国已经是发达国家，因为高收入国家和发达国家还是有区别的。按照国际货币基金组织的定义，发达国家目前只包括美国、日本和欧洲等少数国家。中国进入高收入国家还要继续追赶，要实现 2020 年之后 30 年的发展目标，即基本实现社会主义现代化以及社会主义现代化强国的目标。从中国经济发展的历程来看，中国发展道路具有明显的阶段性。2000 年进入中低收入阶段，2012 年进入中高收入阶段，2020 年我们要消除绝对贫困实现全面小康，2025 年左右跨越"中等收入陷阱"进入高收入国家行列，2035 年要实现社会主义现代化，2050 年要实现全面建成社会主义现代化强国。

总体而言，中国能够跨越"中等收入陷阱"的制度保障就是社会主义优越性。其重要经验是，在中国共产党的领导下，中国具有独立自主的国家决策能力，并在不同发展阶段选择适合中国国情的发展道路。中国既没有走封闭僵化的老路，也没有走改旗易帜的邪路，而是依据自己的国情开辟一条有中国特色的社会主义市场经济发展道路，依据长远的发展目标不断调整国家发展战略，每隔几年上一个台阶。中国的发展历程表明，中国的发展道路不同于西方模式，是符合中国发展实际的道路，是对西方发展模式的超越，具有深远的国际发展意义。

展望 2035 年中国远景 ①

胡鞍钢

清华大学国情研究院院长，公共管理学院教授

---

　　① 此文系胡鞍钢教授在"国情讲坛"第四十八讲的文字记录稿，2020 年 12
月 23 日。

党中央关于展望中国 2035 年的远景，有两次重大决策。

第一次是 2017 年党的十九大报告首次提出中国社会主义现代化"两个阶段"战略目标：第一个阶段，从 2020 年到 2035 年，在全面建成小康社会的基础上，再奋斗 15 年，基本实现社会主义现代化；第二个阶段，从 2035 年到本世纪中叶，在基本实现现代化的基础上，再奋斗 15 年，把我国建成富强民主文明和谐美丽的社会主义现代化强国。

第二次是 2020 年党的十九届五中全会审议通过《中共中央关于制定国民经济和社会发展第十四个五年规划和二〇三五年远景目标的建议》（以下简称《建议》），提出了到 2035 年基本实现社会主义现代化远景目标。

2035 年远景目标具体分为九个方面：第一个目标：我国经济实力、科技实力、综合国力将大幅跃升，经济总量和城乡居民人均收入将再迈上新的大台阶，关键核心技术实现重大突破，进入创新型国家前列；第二个目标：基本实现新型工业化、信息化、城镇化、农业现代化，建成现代化经济体系；第三个目标：基本实现国家治理体系和治理能力现代化，人民平等参与、平等发展权利得到充分保障，基本建成法治国家、法治政府、法治社会；第四个目标：建成文化强国、教育强国、人才强国、体育强国、健康中国，国民素质和社会文明程度达到新高度，国家文化软实力显著增强；第五个目标：广泛形成绿色生产生活方式，碳排放达峰后稳中有降，生态环境根本好转，美丽中国建设目标基本实现；第六个目标：形成对外开放新格局，参与国际经济合作和竞争新优势明显增强；第七个目标：人均国内生产总值达到中等发达国家水平，中等收入群体显著扩大，基本公共服务实现均等化，城乡区域发展差距和居民生活水平差距显著缩小；第八个目标：平安中国建设达到更高水平，基本实现国防和军队现代化；第九个目标：人民生活更加美好，人的全面发展、全体人民共同富裕取得更为明显的实质性进展。

为此，我根据国情研究院《"十四五"大战略与 2035 远景》一书（东方出版社，2020 年 10 月出版）的研究成果，重点介绍三个方面的现代化：第一个是经济现代化；第二个是社会现代化，或者说是民生福祉，但是它的关键词我们称之为"共富论"，全体人民共同富裕迈出坚实步伐；第三个是生态文明建设，我们的提法是基本实现绿色现代化，这恰恰是我们和传统现代化最大的不同之处。中国已经在世界上处于领先的位置，我后面会详细讲解为什么习近平总书记提出到 2030 年前碳排放达到高峰，并且还提出了 2060 年实现碳中和。这都体现了 21 世纪人类发展的最重要的发展命题，不是要不要现代化，而是实现什么样的现代化。

《建议》对 2035 年的中国进行了展望，分为九个重要目标。

这九个重要目标告诉我们，中国已经从"先富论"时代进入共同富裕时代。这又分为两个阶段。第一个阶段是前 20 年，即党的十六大报告提出，要全面建设惠及十几亿人口的更高水平的小康社会，现在中央又进一步提出全体人民共同富裕取得更为明显的实质性进展，就进入第二个阶段，即我们所说的全体人民共同富裕。从这方面来看是对中国现代化历次战略目标的一个继承和展望。

一、基本实现经济现代化

展望 2035 年，我国经济实力、科技实力、综合国力将大幅跃升，经济总量和城乡居民人均收入将再迈上新的大台阶。怎么理解呢？习近平总书记在党的十九届五中全会《建议》的说明中讲到唯一一个量化目标：从经济发展能力和条件看，我国经济有希望、有潜力保持长期平稳发展，到"十四五"末达到现行的高收入国家标准、到 2035 年实现经济总量或人均收入翻一番，是完全有可能的。

由此我们对中国经济现代化进行展望，分为以下几个方面。

（一）中国经济将保持中速增长

根据我们的计算，2021 年至 2035 年，中国经济增长速度将从中高速增长（5% 以上）逐步过渡到中速增长（4% 以上），GDP 年均增速保持在 4.8% 左右。即中国将用 15 年的时间实现GDP（不变价）翻一番。

中国已进入人口的零增长阶段，劳动力资源呈下降趋势，但就业人数进入一个平台期，略有下降。如果如期实现 GDP 翻一番，就会带动人均 GDP 翻一番，劳动生产率翻一番，居民人均可支配收入翻一番，而且农村居民人均可支配收入增速高于城镇居民，就像"十三五"时期一样，人均消费支出水平也翻一番。因此，从这个角度来看，中国经济增速只要保持在 5% 左右，到 2035 年是可以实现经济现代化的。

我国经济实力将大幅跃升。按购买力平价（PPP）2017 国际元计算，我国 GDP 由 2019 年的 22.53 万亿国际元增长至 2035 年的 47.57 万亿国际元左右，人均 GDP、全员劳动生产率、居民人均可支配收入同步增长。中国 GDP 占世界总量比重从 2019 年的 17.3% 提高到 2035 年的 25% 以上，对世界 GDP 增长贡献率持续保持在 33% 以上，成为名副其实的世界经济强国，加速形成"中国－美国"两强新格局，必将对整个世界经济格局产生重大影响。

中国仍具有实现中高速或者中速增长的综合要素来源。首先，实物资本增长率仍保持在 7% 左右，中国资本形成总额占世界总量的比重非常高，2020 年高达 27%。中国总人口就业率仍然在全世界保持较高的比例，达到 55% 以上。高于世界的原因何在呢？就是中国妇女就业参与率高，达到 60%，大大高于世界 47% 的平均妇女参与率，因为中国妇女就学参与率高。非农就业人数持续增长，大量的农业劳动力向非农转移趋势会使整个非农就业增长达到较高增速。每年新增劳动力中高等院校本专科、研究生毕业生就达上千万人，实际上中国已经进入高等教育普及化阶段，50% 以上的毛入学率，到 2035 年至少要达到 75% 以上，也就是说所有新增劳动力基本上要具备高中水平，特别是大学本科专科比例进一步提高，人口预期受教育年限从 14 年达到 16 年以上。

全要素生产率（TFP）保持在 1% 以上，这个增长率以及经济增长预测都可能属于保守型。就像 2002 年党的十六大提出的目标是到 2020 年 GDP 翻两番，但实际上到 2019 年我们就已经达到 5.17 倍。这在很大程度上是一个测不准原理，但是中国发展趋势及发展潜力还是很有前途的。其中，技术进步对经济增长的贡献率要从现在的 60% 提高到 65% 以上。

中国作为世界上最大的发展中国家，空间布局是极不平衡的，我们要承认差距，还要利用差距，不断缩小差距。中西部地区人均 GDP 与东部沿海地区差距甚大，具有极大的追赶空间，形成内部的你追我赶的基本竞争趋势。通过国内大循环以及国际双循环的方式，特别是"一带一路"使中国形成内外部你追我赶的趋势，从而带动整个中国实现中高速或中速增长。

我国将保持较高的全员劳动生产率增速，在 5% 左右。原因有两条：一是新增劳动力整体文化素质的提高，人力资本的提高；二是人均资本存量不断提高，加上整个劳动力配置有效的流动，从低收入部门到高收入部门，本质上是从低劳动生产率部门到高劳动生产率部门。基于中国经济增长总体态势，我和刘生龙老师在 2020 年 5 月的《国情报告》关于"十四五"规划建议中明确提出，在提高发展平衡性、协调性、可持续性的基础上，到 2035 年国内生产总值比 2020 年翻一番的目标，以及全员劳动生产率、居民人均可支配收入同步增长的目标等要求，成为 2035 年基本实现社会主义现代化的经济实力、经济水平、经济基础。

实现城乡居民人均收入迈上新的大台阶。到 2035 年我国人均国内生产总值达到中等发达国家水平。这是什么标准呢？我们认为基本上要达到美国人均 GDP（PPP，2017 国际元）水平的 40% 以上，是可以实现的。

总之，到 2035 年——中国花 15 年时间，实现经济总量或者人均收入翻一番的目标是完全有可能的。15 年之后再进行评估，我们认为可能会超过这个预期目标。

（二）建成强大的国内需求市场

从未来发展趋势看，我国在迈向高收入和中等发达经济体的历史进程中，消费特别是居民消费驱动经济增长将是这一阶段发展的显著特征，形成拥有 14 亿消费者、4 亿多户家庭的超大规模消费市场。

从国内居民消费支出来看，我国拥有世界最大规模的消费群体，国内居民消费支出总额（PPP，2017 国际元）跃居世界前列。中国已经成为世界第二大政府消费支出（现价美元）国家，相当于美国政府消费支出的 80%，未来将成为世界第一大政府消费支出国，支出主要用于 14 亿人民的公共服务，而公共服务消费会带动和改善私人消费服务，私人消费服务的提高又进一步要求和推动政府公共消费服务的支出，这两者不是相互排斥的，而是相互作用的。我国扩大内需的最重要方面之一就是扩大投资需求。

中国的资本形成总额（现价美元）占世界总量比重高达27%，是因为中国长期经济增长和基础设施现代化。实施积极的扩大内需战略是我国的一项长期战略，与供给侧结构性改革主线相辅相成。

（三）建成强大的现代化经济体系

党的十九届五中全会明确提出，到2035年基本实现新型工业化、信息化、城镇化、农业现代化，建成现代化经济体系。

我们作一下讨论分析，农业增加值占国内生产总值的比重是持续下降的，到2035年会降到5%左右，估计还会更低；第二产业比重也会进一步下降，尤其工业比重还会下降。但是服务业比重会大幅度提高，从目前的50%以上提高至66%左右，服务业既是劳动密集型产业，又是就业密集型产业，还是人才密集型产业，特别是服务业中的知识产业，像研发、教育、文化甚至旅游方面等，更不用说信息、数据这些新兴服务业方面。中国的"三新"经济迅速成为重要的经济支柱，即新产业、新业态、新商业模式，它的发展速度是什么概念呢？从2015年到2018年按不变价格计算达到12.7%，占GDP的比重已经达到18%，所以我们估计很快会达到20%甚至更高，因此"三新"经济已经成为中国经济发展的重要支柱。

实现基础设施现代化，建成世界最大规模最先进的现代化基础设施体系。根据《新时代交通强国铁路先行规划纲要》，到2035年全国铁路网将达到20万公里，高速铁路达到7万公里，20万以上人口城市实现铁路覆盖，50万以上人口的城市高铁通达。基础设施现代化是基本实现经济现代化的一个最重大的标志。

此外，经济现代化还包括实现新型城镇化，实现农村农业现代化，并且构建世界最大规模的市场主体。2020年，中国的市场主体登记户已经超过1.3亿人，即平均每10个人中就有一个创业者，这也解释了中国为什么必须通过市场经济的改革来造就世界最大的市场主体，激发市场主体最大活力和创造力。2019年中国的世界500强企业达到129家，包括港澳台企业，在此之前的20年或15年没有人能够预见这一结果，到2035年可能再翻一番。这表明，企业兴、国家兴，企业强、国家强。

（四）进入创新型国家前列

党的十九届五中全会明确提出到2035年科技创新核心目标是科技实力将大幅跃升，关键核心技术实现重大突破，进入创新型国家前列。怎么来体现呢？

中国成为世界最大的研发投资国。2018年中国研发（PPP，2017国际元）占世界比重达到16.85%，美国达到19.5%，我们离美国就是一步之遥。预计到2035年中国研发占世界比重达到25%左右。中国现在已经具备了良好的研发支出与产出增长条件，2020年研发支出和技术市场成交额分别占GDP的2.40%和2.78%，相当于发达经济体的比例，最重要的是两者之间已经形成了良性互动的投入（企业、机构、政府等）与产出（技术产品、新技术产业、基础研究）机制，成为持续增长的重要机制。

我国拥有世界最大规模科技人才队伍的优势。2019 年中国从事研发活动的全时当量是 461 万人年，相当于 2000 年的 5 倍，在未来 15 年还能翻一番，争取超过 1000 万人年。国家鼓励各个机构通过有效的体制改革，吸引更多年轻的研发人员。中国的各类人才（包括农业农村人才）总数已经超过 1.7 亿人，到 2035 年达到 2.5 亿—3.0 亿人，形象地讲"三人（就业人员）行必有一能人"，并且培养出一大批具有国际水平的战略科技人才、领军人才、青年科技人才等，成为最具竞争力、创新力的宏大人才队伍，更好地发挥第一人才资源的中国优势。

强化国家战略科技力量。中国具有宏大的科技力量，新中国成立之后在相对短的时间内建立了比较独立的完整的国家科学技术体系，形成特有的"五路大军"：中国科学院、高等院校系统、国家部委科研院所、地方及基层科研机构以及国防科研机构。改革开放之后的 40 年，企业成为整个社会创新的主体，又充分吸引外资企业研发机构，这就构成了十分独特的宏大的中国科技力量。由此可以构建更高水平的更有实力的国家战略科技力量队伍。例如，高等学校现在已经建立了 60% 的国家重点实验室，集聚了 60% 以上的全国高端人才，承担了 80% 以上的国家自然科学基金任务。又如，中国科学院、其他国家科学院（如中国农业科学院、医学科学院等），以及航天航空等科技领域，已经构成了更加强大的国家科技战略队伍，在基础研究、重大国家科技项目等方面发挥越来越大的作用。此外，北京、上海、粤港澳大湾区已经形成世界级的科技创新中心。

关键核心技术实现重大突破，在主要战略新兴科技领域走在世界前列，创造更多对世界科技发展和人类文明进步有重要影响的原创成果。《建议》中提出的几个强国，航天强国、信息强国、网络强国、知识产权强国，作为国家的战略才能打造世界最大规模的数字经济智能社会。

21 世纪最重要的现代要素就是数据、信息、专利、知识，我们需要建成世界最大的知识密集型产业，特别是专利密集型产业，已经成为我国最重要的知识密集型产业之一了。2018 年，全国专利密集型产业增加值已经突破 10 万亿元，占 GDP 比重高达 11.6%，对经济增长的贡献率达到 15.7%，数字经济成为增长最快的领域。在未来 15 年，数字经济对整个中国经济发展、社会进步会起到更重要的支撑作用。

建成世界最大的国内技术市场。这是我们成为创新型国家最重要的标志，是中国特色。2000 年以来，技术市场年平均增长率达到 20%，就算增长率只有 10% 都非常不得了，做到 7 年翻一番，15 年翻了 3 倍甚至更多，研发投入形成它的市场交易额的产出，市场交易额反过来投入研发，形成良性循环。我们提出两个建议：第一，未来 10 年在制定科技规划的时候考虑主要投入产出指标，能够实现倍增计划。第二，抓紧制定第二个国家科学和技术中长期规划，即 2021—2035 年，争取尽早公布，与整个"十四五"规划形成良性循环。

二、全体人民共同富裕取得明显实质性进展

习近平总书记在关于《建议》的说明中指出，建议稿在到2035 年基本实现社会主义现代化远景目标中提出"全体人民共同富裕取得更为明显的实质性进展"，在改善人民生活品质部分突出强调了"扎实推动共同富裕"，提出了一些重要要求和重大举措。这样表述，在党的全会文件中还是第一次，既指明了前进方向和奋斗目标，也是实事求是、符合发展规律的，兼顾了需要和可能，有利于在工作中积极稳妥把握，在促进全体人民共同富裕的道路上不断向前迈进。怎么来体现上述目标呢？这包括以下几个方面。

人民生活达到中等发达国家的水平，争取城乡居民人均可支配收入按不变价格翻一番。从国际比较看，是按国际中等收入标准，以每人每日收入或消费 10—100 国际元为范围。因此，按照每人每日收入（国际元），中国人均收入从 2019 年的 20.0 国际元，到 2035 年达到 38 国际元左右，中国人均支出也要翻一番以上，每人每日消费支出从 2019 年的 14.3 国际元到 2035 年达到 31.3 国际元。

城乡居民消费结构从富足型向中等发达型转变。表现为城乡居民家庭恩格尔系数从目前的 28.2%——这已经属于富足型了，到 2035 年下降到 20%—22%。与世界上的中等发达国家基本一致。

实现高质量充分就业。中国人口占世界比重会持续下降，2019 年已降至 18.2%，是历史上最低的。但是中国劳动力人口仍然在 20% 以上，2019 年为 22.3%，比人口比重高出 4.1 个百分点。因此，中国的劳动参与率按照劳动力的人口统计口径，高达 75.6%，仍高于 OECD 发达国家 71.2% 的水平。中国已经进入就业高峰平台期，并逐步下降，总人口对就业的压力明显减少，但是就业结构压力始终存在，关键是如何在加速城镇化过程中，每年创造新增就业，为大专毕业生、高职毕业生提供就业岗位，也有效地吸引乡村劳动力。

全面建成教育强国。根据中国教育现代化 2035 的目标，到 2035 年总体上实现教育现代化成为基本实现我国社会现代化的重大标志，其中还有一个目标——迈入世界教育强国行列，包括教育指标的现代化。学前教育毛入园率从 83.4% 提高到 97%，学前教育有两个重要的收益率，一是提高家庭收益率，二是提高整个社会收益率，因此使学前教育毛入园率提高 13.6 个百分点，所有孩子都能够得到专业化教育，为他们终身学习、终身工作、终身生活奠定坚实的基础。高等教育毛入学率要从现在的 51.6%——跨进普及化阶段，到 2035 年要大于 75%，不排除争取达到 80%—85%，就是要在教育方面能够有大量的投入，能够使人人有接受教育的机会。预期受教育年限，要从 2018 年的 13.9 年达到 2035 年的 16 年，就是中等发达国家最重要的教育指标和水平。中国不仅人均收入要达到中等发达国家水平，关键是人力资本水平要提前达到中等发达国家水平。此外，要加强后大学时代教育培训，终身学习、终身培训、终身"充电"，为此要提高继续教育参与率，从 2018 年的 50% 到 2035 年达到 65% 以上。因此，大学要更好地为全社会服务，主动面向社会。要投资终身教育，全社会教育总经费之比要从 2019 年的 5% 提高到 2035 年的至少 7.5%。实际上从这个角度来看中国的教育现代化要有明确的量化指标，反过来再设计"十四五""十五五""十六五"的教育发展指标。

实现健康中国目标。到 2035 年，我国人民身体素质和健康水平居世界前列，建成与社会主义现代化国家相适应的健康国家。人均预期寿命到 2030 年达到 79 岁非常有希望，2035 年要达到 79.5 岁。另外一个指标更有意义，提高人均健康预期寿命，应该是每 5 年提高 1 岁，未来 15 年应该提高 3 岁，乘以 14 亿人口数，为整个中国人口提高总健康人力资本，这是一个典型的乘法关系，也显示了中国的人口规模效益。要提出婴儿死亡率下降、5 岁以下儿童死亡率下降、孕产妇死亡率下降的具体指标，这些指标中国已经接近中等发达国家水平，到 2035 年要优于中等发达国家水平，使我们从个人到国家健康的资本进一步提高，这就要构建强大的公共卫生体系，来应对非典危机、新冠肺炎危机等，这方面还有相当大的潜力。

城乡居民生活水平差距进一步缩小。城乡居民可支配收入呈中高速增长，人均消费支出也呈中高速增长，最重要的是城乡居民家庭恩格尔系数同步下降，到 2035 年城镇居民家庭恩格尔系数将下降至 20% 以下，农村降至 20% 以上，城乡居民家庭恩格尔系数趋同，如果能够达到这一点，就可以实现全体人民共同富裕迈出坚实步伐的核心目标。

基本公共服务实现全民均等化。要用三个五年规划建立基本实现这一目标的国家基本公共服务制度体系。从"十五"、"十一五"、"十二五"到"十三五"经过了四个五年规划（计划），中国在覆盖全体人口基本公共服务制度方面奠定了基础，再用 15 年时间，进一步提高服务体系的质量，实现全民覆盖更加均衡、更高质量、更加便捷的可持续的国家基本公共服务体系，进一步缩小城乡地区公共服务差距。同时，要在全国范围内建立非基本公共服务的体系，使不同人群能够满足多层次、多样化的非基本公共服务。真正实现幼有所学、学有所教、病有所医、老有所养、住有所居、弱有所扶的美好愿望。

促进人口长期均衡发展。中国人口国情发生了巨大变化，过去我们讲人口多、耕地少、底子薄，但是现在人口多，实质是老龄人口多，65 岁及以上人口占世界比重达到 22.9%，而少儿人口相对少，对于我们来讲，还有最后的人口红利机会窗口。全国城镇居民人均预期寿命已超过 80 岁，超过 OECD 国家男性的 77 岁，关键要抓住这个机会窗口来实现人口长期均衡发展，《建议》首次提出延迟法定退休年龄等政策设想，就是积极应对人口老龄化国家战略举措，发展银发经济，创造"长寿红利"，大力构建老年人口友好型社会，特别是老年健康友好型社会。

总的来讲，到 2035 年，中国将基本实现社会主义现代化，中国将迎来共同发展、共同繁荣、共同富裕的大同世界。中国不仅成为中等发达国家，按照人均收入或者人均支出，最重要按照 HDI 指数，要达到极高人类发展国家水平，实现我国人口预期寿命和国民受教育年限达到世界先进水平的宏大目标。因此，实现全体人民共同富裕的梦想是可以变成现实的。

三、基本实现绿色现代化

2018 年 5 月，习近平总书记在全国生态环境保护大会上提出："确保到 2035 年节约资源和保护环境的空间格局、产业结构、生产方式、生活方式总体形成，生态环境质量实现根本好转，生态环境领域国家治理体系和治理能力现代化基本实现，美丽中国目标基本实现。"2020 年 9 月，习近平主席在联合国大会上郑重宣布中国将提高国家自主贡献力度，采取更加有力的政策和措施，二氧化碳排放力争于 2030 年前达到峰值，努力争取 2060 年前实现碳中和。可以说这是中国宏大的应对气候变化的目标，也是中国走向 2035 年最大的发展挑战。现在的问题是，如何将最大的发展挑战变成最大的发展机遇，进而实现中国的承诺。这就要求中国现代化必须是绿色现代化，实现绿色现代化的标志是中国进入绿色创新、生态投资、生态盈余的新时代，形成人与自然和谐发展的绿色现代化新格局。

基本建立洁净低碳、安全高效的能源体系。所谓洁净，就是降低能源生产和消费的污染排放，特别是大气污染排放；所谓低碳，就是降低能源消费的碳强度，实现低碳或者无碳；所谓安全，就是保证能源安全与能源消费安全；所谓高效，就是降低GDP能耗和碳排放。这对中国 2035 目标提出了要求。能源效率要达到国际先进水平，这个难度非常之大，到目前为止中国单位GDP能耗高于世界平均水平，大大高于世界中等发达国家水平。

首先，严格控制煤炭消费量，到目前为止，中国的煤炭消费已经达到 28 亿吨标准煤，煤炭生产总量不到 40 亿吨。到 2035 年煤炭消费总量降至 25 亿吨标准煤以下，进而大幅度降低煤炭占能源总量比重，从现在的 57.7% 降至 40% 以下，甚至更低。

其次，加速能源消费结构绿色化，我们正面临一场前所未有的绿色革命，本世纪初我就有一个观点，中国必须创新自己的绿色现代化，从世界最大的"黑猫"变成世界最大的"绿猫"，"猫"的颜色是非常重要的。为此，要大幅度提高清洁能源消费比例，从 2019 年的 23.4% 提高至 2025 年的 28.5%，到 2035 年提高至 37% 以上。电力结构加速绿色化，非化石能源发电装机容量占比从 2019 年的 40.8% 达到 2035 年的 56% 以上，可再生能源装机容量占世界比重持续提高。能源要分两类"猫"：一类是"黑猫"，一类是"绿猫"；电力也要分两类电：一类是"黑电"，一类是"绿电"，中国已经进入淘汰"黑猫"时代。作为能源大省，如内蒙古、山东、山西等地区，在"十四五"时期面临的最大挑战是如何进行改革、开放、创新，如何从"黑猫"变"绿猫"，否则就会被淘汰出局。这不是危言耸听，这是中国与世界大势所趋。

再次，水资源消耗与经济增长脱钩。可喜的是在过去 10 年基本上脱钩了，经济增长用水资源量开始下降，但是都是小幅的，生态水略有增加。中国仅占世界 6.6% 的可再生内陆淡水资源总量，是实现十几亿人口现代化的最大限制因素之一，通过实现水利现代化，实施国家节水行动，建成世界最大的节水型社会。一是控制全国用水总量；二是单位 GDP 用水量持续下降；三是全国工业用水量明显下降；四是全国农业用水量持续下降，提升农业用水效率；五是全国人均生活用水量实现逐年下降。

最后，绿色发展生活方式基本形成。生态文明建设取得明显成效，包括严守耕地红线，从过去实践来看还是成功的。建成世界最大的绿色林业，增加碳汇能力。环境质量要达到中等发达国家水平，从"十四五"、"十五五"到"十六五"规划就是大做减法，而且这个减法越做越多，环境质量越好，能够保证如期实现美丽中国。

可能最难的是实现 2030 年前碳排放达峰的目标。为此习近平总书记已经作出重要的政治承诺。2019 年中国的碳排放占世界总量比重高达 27.8%，比美国加上欧盟的总和还要高。在这样的一个大背景下，中国能否提前实现碳排放达峰且下降，就成为最大的减排任务。欧盟从 1990 年开始下降了，美国从 2005 年开始下降了，只有中国和印度大幅度上升，但是印度比例还比较低，占世界比重只有 7.3%。在这样一个基本趋势下，中国必然要作出承诺。2020 年我们称之为相对减排期，现在基本达到高峰期了，有可能在 2025 年前开始下降，在 2030 年之前进入绝对减排期。

我们要更好地开展国际合作，深度参与全球应对气候变化的治理，而且要作出承诺，承诺就变成一种倒逼机制。我们要把这个最大挑战变为最大的机遇，从而推动制度创新、技术创新、体制创新等方方面面的创新。全世界对习近平总书记的减排承诺评价非常高，我概括为一句话：这是世界上最雄心勃勃的中国目标。什么叫构建人类命运共同体？这就是中国对世界的承诺，已经得到了世界最有效的回应。

以此作为中国减排目标，从 2021 年到 2060 年的 40 年，应该分四个十年行动方案，每一个十年有两个五年规划。第一个阶段，2020—2030 年核心目标碳排放先达峰并开始下降；第二个阶段，2030—2040 年核心目标碳排放大幅度下降，力争下降 50% 以上；第三个阶段，2040—2050 年碳排放下降接近 0；最后十年，2050—2060 年实现碳中和。由此倒推制定各个五年规划的减排目标和实施方案，这就是我们最大的世纪挑战，也是落实习近平总书记对全世界的中国承诺，共同构建人类命运共同体。

四、2035 年基本实现现代化

最后，我们回答一个基本问题，什么是现代化？什么是中国现代化？ 2035 年中国是否能够实现社会主义现代化？

可以说建设社会主义现代化国家始终是党和国家的奋斗目标，从 1954 年一届全国人大一次会议提出四个现代化，到 1987 年党的十三大提出中国特色社会主义现代化"三步走"战略，再到 2017 年党的十九大提出到 2035 年基本实现社会主义现代化，到党的十九届五中全会所设计的 2035 年基本实现社会主义现代化的远景目标，这是在全面建成小康社会之后，立足于我国新的发展阶段，提出新的远景目标，其意义十分重大，任务十分艰巨，前途十分光明。从人类发展视角来看，中国实现现代化，不仅将使中等发达国家人口（OECD 国家现在一共是 13.6 亿人）翻一番还要多，还为发展中国家（除中国之外的总人口一共 49 亿人）实现现代化提供了重要的参考，大大改变了世界发展格局，为人类发展作出重大贡献。

对 2035 年中国基本实现社会主义现代化远景目标的展望，可以得出如下基本结论：我国社会的主要矛盾已经转化为人民日益增长的美好生活需要和不平衡不充分的发展之间的矛盾。我国作为世界上最大的发展中国家、最大的新兴经济体，到 2035 年还将进一步上升为最大的中等发达国家。由此可知，今后十五年仍然是我国发展的战略机遇期，完全有条件、有能力基本实现社会主义现代化目标。

总体来看，无论是从发展阶段、发展条件，还是从发展能力、发展战略，中国都已经具备到 2035 年基本实现社会主义现代化的天时、地利、人和，如同以往都会提前实现原定的预期目标，还会在今后的"十五五""十六五"规划中与时俱进地调整 2035 年目标。可以预见的是，无论面对何种国内外挑战，中国基本实现社会主义现代化的总目标都会如期实现。